周文王諭令

# 三十分鐘
## 學會
# 蔡上機
### 易經塔羅占卜

蔡上機 著

U0154204

# 台北教育大學

# 莊淇銘 教授 推薦序

在國立台北教育大學研究所開設「創意思考」課程。課程中，有三堂課教授「易經與創意開發」。學生問：易經中國古代經典書籍，怎會跟現代的創意有關？回同學：沒錯，易經是中國上古三大奇書之一，也因此，很多人認為經典古書應該是人文哲學，不會有現代的創意思維。然而，這樣的想法，誤解了易經，也讓不少人望易經生畏。

首先，易經是一門博大精深的學門，而且是持續創新的學門。創意開發的三大要素：想像力、創造力及運用力。愛因斯坦強調：想像力比知識更重要。因為，有想像力會激發創造力，創造出新點子後，要具備靈活運用的能力，將點子化成產品。易經內容涵蓋甚廣，其中就包含了想像力、創造力及運用力。有翻譯者將易經的英文名稱翻成「The Book of Change」，就可以看出易經是一本闡述變易的書籍，而創新的本質就是改變。

易經本身也持續再改變，首先，伏羲氏易經提出了64卦象。除了卦與卦在變化外，卦中的每一爻也在變化。周文王就為每一卦及每一爻創作了「卦辭」及「爻辭」，這賦予了易經更豐富的內涵。而後，孔子及弟子撰寫了《易傳》。《易傳》易傳共有十篇，稱為「易經十翼」。翼是「助」的意思，表示幫助學易經起飛的十隻翅膀。「易經十翼」深化了易經的哲學思維、生命認識及在生活上的運用。

由於人生本就一直在改變，從易經可以學到很多人生遭逢各種變異時的處世哲學。孔子後至今數千年，易經持續被許多專家運用在各領域，如占卜，醫學，婚姻，風水，投資理財等，可說百家爭鳴。其中，有創新者更將易經結合陰陽五行，及其他領域知識，高度靈活運用，大放易經異彩！

蔡上機大師除了是易經的教學者，更是易經的實踐者。他擁有了易經創新的三大要素：想像力、創造力及運用力。也因此，好友陳禹齊跟我說蔡大師好厲害，又要出新書了！我跟禹齊說：一點都不奇怪，易經的實踐者，必然持續創新！此次蔡大師的大著《三十分鐘學會蔡上機易經塔羅占卜》，更是將易經與塔羅占卜結合的新創作，更難能可貴的是難讓讀者在三十分鐘內學會並掌握要領。我擔任過「科普」文章獎的評審委員，「科普」就是科學普及，科普文章就是要讓深奧的科學理論用一般人看得懂的表達方式，很快學會了解科學觀念。蔡大師這本新著作，無疑是「易普」的絕好書籍！相信本書能為易經帶來更新的風貌，讓讀者更有效率的學習與運用易經！

台北教育大學數位內容設計系暨教育經營系教授

莊淇銘 序予2018/01/10

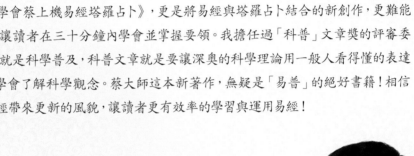

莊淇銘教授，曾任：【淡江大學資訊工程系主任、資訊研究所所長。開南管理學院（現開南大學）&高雄市立空中大學教授兼校長。國立台北教育大學教育政策經營研究所教授、校長。考試院典試委員】等職。現任：台北教育大學數位科技設計學系暨教育經營管理研究所教授，國際時事政論專家（電視政論名人）。

# 蔡上機 序

## 易經的歷史根源

中國歷史，源自上古（遠古）時期的「三皇五帝」，該時期，並無文字，所以沒有文獻記載，任何史事，僅靠傳說流傳，稱為「傳說年代」。

但該年代，並無因為沒有文字，而無文化。該年代的文化，就是「符號&圖騰」，所以中國文化歷史，是先有「符號&圖騰」文化，後有「文字」文化。而中國最古老的「符號&圖騰」文化，並象徵代表中國的是，傳承古今中外的「太極、八卦」。

太極八卦，是來自中國歷史，上古時期三皇五帝的「三皇」代表人物『伏羲氏』所創作。後來，到「大禹」時代（三皇、五帝、堯、舜、禹），從『太極八卦』再演繹出『六十四卦』，就是所謂的『易經』。

中國文化歷史上的『易經』，有三部『連山易、歸藏易、周易』。「連山易」是在「夏朝」時代的易經，又稱「夏易」。「歸藏易」是在「商朝」時代的易經。「周易」是在「商末周初」時代的易經，是商末「西伯侯，姬昌」（後稱為周文王）被「商紂王」囚禁在「羑里」時期所撰寫的。以上的『連山易、歸藏易』兩部，並不完整，已經失傳，沒有成書。僅有「周易」在「西伯侯，姬昌」的兒子「周公旦」（周武王的弟弟），整理完成「周易」的「爻辭」，正式成書，而成為中國文化歷史以來，第一部成書，完整的經典書冊。

## 孔子奉周易為儒家思想的精神核心

　　後來，東周時期（戰國時代）至聖先師「孔子」倡導儒家思想，於五十來歲時，開始學『周易』，才發現周易並非只是一本占卜的書冊，而是一部「修身、齊家、治國、平天下」、「經天緯地」的『哲學智慧』經典，因而如癡如醉、廢寢忘食的研讀，還將綁周易書冊竹捲的牛皮繩，因為反覆研讀翻閱，而翻斷維修過無數次，也感嘆畢生的遺憾，是太晚學習研讀周易了！

　　孔子，將周易的哲學思想，導入儒家思想裡，並奉周易的哲學思想，為儒家思想的精神核心，直到孔子68歲周遊列國回後魯國後，刪詩書，定禮樂，贊「周易」，修春秋。唯獨不敢擅動周易的撰文，並大為讚嘆「周易」，爾後周易列為五經之首『群經之首』，號稱『天下第一經』。後來，孔子並以研究周易的心得，從中領悟參透衍生撰著了『十翼』（象傳上下兩篇、象傳上下兩篇、繫辭傳上下兩篇、文言傳、序卦傳、說卦傳、雜卦傳，統稱「十翼」），為附屬周易的相關著作。並由弟子收錄孔子對周易的講述口稿，再將以上整理出「易傳」這部經典大作。

## 易經分為「義理派」和「象數派」兩派

　　從孔子學周易，並奉為儒家思想的精神核心，周易（易經）即分為兩派。一派是以孔子為首的「義理派」（現代稱為學院派），只講周易的智慧哲學，對人心的教育思想、修心養性、求智慧知識、學策劃謀略以經天緯地，影響鉅大，也就是易經的「學科」，切割且不談占卜、

卜卦，這一塊。另一派是傳統的「象數派」（現代稱為占驗派），以太極八卦易經的陰陽邏輯的宇宙觀，從「象數」去推演，也就是易經的「術科」，作為吉凶禍福占卜的預測。

「象數派」的「河圖、洛書，陰陽、太極、八卦」邏輯，也包含著「陰陽計算科學」，只是傳承至今，都是這「邏輯」被拿去應用，轉化成現代科學、科技、數學、發明等，這一塊，並沒有人做「直系性」的發展。所以在民間生活裡，都普遍的被應用及定位在「占卜學」上。

易經「象數派」的「陰陽太極八卦」邏輯宇宙觀，也衍生後來的『中國五術』（山、醫、命、相、卜）各個學門流派，也對後來的「天文地理、農業、醫學、科技、數位、數學、計算、發明，兵法作戰佈陣，道家、道教……」等，有著深遠的影響。

通常，研究周易（易經），屬於「義理派」的「學科」者，鮮少會專精在「象數派」的「術科」上。反之，屬於「象數派」的「術科」者，也鮮少會專精在「義理派」的「學科」上。但其實，周易（易經）「義理派」的「學科」和「象數派」的「術科」，是同屬一個母體，彼此就像連體嬰一樣，密不可分。各有功能角色，互不能輕藐而視。應該「義理派」的「學科」和「象數派」的「術科」雙修，雙管齊下，才會相輔相成，相得益彰，如虎添翼，倚天屠龍合璧，誰與爭鋒！

## 蔡上機易經「義理派」和「象數派」兩派合一

蔡上機所企畫設計著作的『30分鐘學會蔡上機易經塔羅占卜』書＋塔羅牌，套裝組合，雖然是以「象數派」的「術科」為主體。但其內容，是不缺席「義理派」的「學科」，特別把『周易』卦辭「義理」的哲學智慧（學科），應用融入於「象數」（術科）之中。除了利用周易作為占卜「問吉凶、斷禍福」之外，還輔以周易的智慧哲學，來啟化思維、轉化心念，只要思維、心念一改、一變通，命運就會跟著改變、跟著亨通！

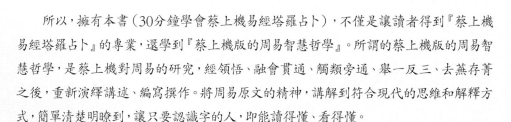

　　所以，擁有本書（30分鐘學會蔡上機易經塔羅占卜），不僅是讓讀者得到『蔡上機易經塔羅占卜』的專業，還學到『蔡上機版的周易智慧哲學』。所謂的蔡上機版的周易智慧哲學，是蔡上機對周易的研究，經領悟、融會貫通、觸類旁通、舉一反三、去蕪存菁之後，重新演繹講述、編寫撰作。將周易原文的精神，講解到符合現代的思維和解釋方式，簡單清楚明瞭到，讓只要認識字的人，即能讀得懂、看得懂。

　　因為，周易的原文非常艱澀，極為不易讀懂，其諸多解釋也不合時宜，甚有「不知所云」解釋不出來的文，這些都是學周易、懂周易的困難與障礙。蔡上機完全將其問題解決，給予讀者一套蔡上機版全新的周易講述，讓讀者們接觸學習周易不再有阻障，輕而易舉！

## 『天下第一經 蔡上機易經』後續發行，敬請關注！

　　本書（30分鐘學會蔡上機易經塔羅占卜），因為主體是屬於占卜，篇幅頁數有限，所以在周易六十四卦智慧哲學的講述，是主講六十四『卦辭』的部份，並無法將周易的『386爻辭』也收錄講述進來。因此，蔡上機也為了把對於周易研究的專業及智慧交出來，承先啟後、繼往開來，特別另開一本著作，書名將訂為『天下第一經 蔡上機易經』，專門講述周易六十四卦辭＋三佰八十六爻辭的智慧哲學，後續發行，敬請關注！

　　該書中，完全沒有占卜的成份，是純屬一本蔡上機版的周易智慧哲學書，讓讀者能從該書中得到無限的智慧，用智慧啟發思維、轉化心念，改變人生和命運。無論在易經精神的「修身、齊家、治國、平天下」，或在「職場事業，商場管理，人際社交，兩性關係」上，都能有更高智謀＆善變的手段＆策略！

## 『30分鐘學會蔡上機易經塔羅占卜』在艱難中茁壯誕生

　　另外，蔡上機所企畫設計著作的『30分鐘學會蔡上機易經塔羅占卜』書＋塔羅牌（64張），是首創、首開，地表上（史上）第一套易經『實圖』的塔羅牌。其易經六十四卦的64張牌，每一張牌，都是依照周易六十四卦的『卦名』和『卦辭』的『象數理』去模擬人物＋情境，企畫設計出人物及情境的腳本，插畫師再經由腳本去繪畫出圖來的，這叫做『實圖』，才能稱為是『塔羅牌』。

　　如果製成『牌』，而牌的部分，只是文字，或沒有人物＋情境，也不能模擬出周易六十四卦『卦名』和『卦辭』的『象數理』意涵，就不能稱為是『易經塔羅牌』，頂多叫做『牌』，不能稱為是『塔羅牌』。所謂的塔羅牌的精神，是要有人物＋情境，要能看圖說故事，模擬原意，所要詮述的意涵。

　　『30分鐘學會蔡上機易經塔羅占卜』的「蔡上機易經塔羅牌」企畫腳本設計繪圖製作過程，的確非常不容易，並非出版商或一般作者，敢做能做，做得到的事。因為，除了作者要有絕對的專業條件之外，作者還要會企畫設計撰寫塔羅牌繪圖的腳本，懂得繪圖表現的概念，還要有繪圖能力極專業的插畫師，才能結合作者的腳本，繪畫出天人合一，易經「原意」、「意涵」的塔羅牌圖來。

　　最後，就是成本很高，很燒錢。一本一般書籍，成本約略只能動用在20～25萬台幣以內，『本書＋牌』就要燒掉百萬台幣的成本。一般出版商，會有商業及獲利成本考量，所以有強的作者，強的插畫師，也沒有出版商願意做，因為要做到『本書＋牌』的水準，成本極高，答案就是虧錢。所以，肯定不會有頭殼壞掉的出版商願買單，因此『本書＋牌』才會留到現在才問世發行。答案是因為作者『蔡上機』自己經營，自己燒錢當出版

社。不為啥,只為理想!理想又是啥?本人可能再10年後,或許也退休去了,答案就是『趁現在能動、能寫,有能力時,就把專業&智慧,給交出去吧!』如此而已!

## 感謝『莊淇銘』教授賜予推薦序,暨好友『陳禹齊』盛情支持

很感謝,台北教育大學前校長,現任教授『莊淇銘』老師,每當本人新書發行之際,皆不吝賜予推薦序,鼎力支持及推薦。以及,好友『陳禹齊』先生,給予許多的勉勵與協助,並特地捧場,訂購大量的書,分享予親朋好友。本人倍感溫馨,在此特向兩位好友,致上十二萬分的敬謝之意,特表盛情,永誌於心!

## 一牌在身,隨手一占,占卜預測先知

『本書+牌』的撰寫著作,除了是地表上,第一套易經『實圖』的塔羅牌。在內文&牌的規劃及設計上,是設計到,只要花30分鐘的學習(「本書+牌」只有880元的成本)。馬上看,馬上學,馬上會。即可學會操作占解『蔡上機易經塔羅牌占卜』,馬上當易經占卜老師。

人生《人、事、物、時、地》總有【徬徨迷惘,不可掌握,不知變數,無法決定】的情事。立即,用《蔡上機易經塔羅牌》隨書附牌--套,一牌在身,隨手一占,占卜預測先知。吉凶立斷,預卜先知,未雨綢繆,趨吉避凶。為自己卜問吉凶,幫他人占斷禍福!以象數『論吉凶、斷禍福』,用哲理『開智慧、轉心念』你也可以當大師!

序予 2017/12/01

# 作者

# 蔡上機

## 經歷

　　國際級台灣易經命理風水開運學家「蔡上機～Wisdom」（本名），台灣首位登陸中國大陸內地取得書號出版簡體版風水書的老師，台灣登陸中國大陸內地為房地產開發推案&銀行金融業&各企業主講風水講座的火紅人物，中國首富萬達集團（世界第一大的房地產開發商）【萬達廣場&萬達豪宅】房地產開發建案風水&講座老師，中國【碧桂園地產開發集團】（2018中國第一大房地產開發商）房地產開發建案風水&講座老師。

## 特色

　　自幼鶴髮童顏與親切的鄉土口音，是個人風格的金字招牌，專業全方位的深度與誠懇親和的態度，長年深受大眾的信賴，成為最寄予解惑人生，是最受歡迎，最現代風格、思維的命理老師。

## 專業

　　先家傳後再外師師承，1985年（16歲）執業，1987年（18歲）出版第一本著作，年少即成為命理作家並開班授課、演講，是業界資深也年輕的命理學家、講師及作家，著作不勝枚舉。

## 媒體邀請＆著作

多年來受邀於各大電視、廣播、平面媒體與社會各界，出席節目、撰寫專欄、接受採訪，演講易經命理風水相學開運、開運化妝、開運水晶等生活多元化的相關主題，以及企業商業廣告代言，獲益民眾不計其數。

## 活動演講代言

是命理界最擅長做代言、活動、記者會、講座商演的易經命理風水開運老師（具企劃、行銷、宣傳、表達、執行與市場敏銳能力的專業老師）。其歷程背景，令業界望其項背，至今無人可破其歷史、出其左右，影響遍及亞洲、美洲、歐洲、紐澳洲等地。

## 聯繫方式

＊工作室：台灣台北市忠孝東路四段 153 號 10 樓
＊國際專線 +886-910129200。
　　　　　 +886-2-27710699
＊台灣專線 0910129200（LINE-ID）
　　　　　 02-27710699
＊網址 www.shang.com.tw
　 E-mail：wisdomtsai@gmail.com
＊微信個人 -ID：wisdomtsai
　 微信官方 -ID：T0910129200
＊媒體平台有：新浪微博、臉書

# 目次

## ② 10 分鐘「熟悉」蔡上機易經塔羅牌占卜操作

## 專有名詞認識

## 遵守卜卦規則

## 溝通討論問事主題的情節

## 問事者，開始冥想，『身、心、靈（神）』合一

## 問事者，環境及聞香，可幫助聚精會神

## 養牌，淨牌。用牌，變卦＋占卜解卦範例說明

## 占卜師洗牌（切牌）。問事者觀牌、哈氣手心、蓋牌、取牌。解牌

## 重要提醒

# ③ 10 分鐘「占解」蔡上機易經塔羅牌

## 易經的 64 張『實圖』塔羅牌圖解

# 10分鐘「認識」蔡上機易經塔羅牌

## 對『易經』不再陌生！

中國『易經』，雖然博大精深，感覺艱深，似乎難以窺其堂奧。但，今有中國『易經』研究學家『蔡上機』，用最簡易、能懂的陳述、口語，讓您立即認識中國『易經』！

# 10分鐘「認識」
# 蔡上機版的中國易經

如果，讀者您，不明瞭「易經」由來和組成。您只要知道，
以下 10 個重點，即可立即簡單的認識「易經」。
如果，您想深入瞭解認識「易經」，您可以再額外花時間，
將本單元全部內文都閱讀完畢，對易經即會有完整的認識。

## 1. 「易經」是在講述「六十四卦」

易經，是在講述「八卦」（八個卦）所繁衍演生的這「六十四卦」（六十四個卦）。
只要，是在講述「六十四卦」，通通都稱為「易經」。

## 2. 易經有三部，成書僅有「周易」

易經，在文獻上，有三部「連山易，歸藏易，周易」。連山易，誕生在「夏朝」，歸藏
易誕生在「商朝」，這兩部易經，都不完整，而且早已經遺失，縱使現在如有關於「連山
易，歸藏易」的古文，也是片段的文章而已，無法成書。

而真正成書的「易經」，僅有西伯侯「姬昌」（周文王）所撰寫這一部，由周文王的
兒子，周武王的弟弟「周公旦」所整理成書的「周易」，因為是周室所撰著，而稱為「周
易」。從周朝起至今時的易經，就是指「周易」這著作。

## 3. 周易的結構和詮述，是六十四卦的「卦辭」和「爻辭」

周易，是西伯侯「姬昌」（周文王），將易經的六十四卦，每一個卦，都重新撰寫
（註文）出一個「卦辭」。最後再有其子「周公旦」在六十四卦的每一個卦（卦

辭）底下，再整理（註文）出6個「爻辭」，所以六十四卦底下，共有384「爻辭」。另因為，第一卦和第二卦（唯獨這兩卦），又各別多了一個爻辭（第一卦、第二卦，各有7個爻辭），所以六十四卦，共有386個爻辭，而成為一本完整成書的易經「周易」。

所謂「周易」，就是在詮述講說，易經六十四卦，周文王所撰寫的這64個「爻辭」，加上周公旦所整理的這386個「爻辭」的著作。

## 4. 周易傳承，分為「義理派」和「象數派」

周易經東周戰國時期，至聖先師「孔子」的研讀，讚嘆闡揚，而奉其為儒家思想的中心，傳承至今，分為兩個派別。一派為「義理派」，一派為「象數派」。

## 5. 「義理派」是以周易為哲學思想的學說

義理派（學派），是以周易六十四卦的「卦辭」及「爻辭」所詮述講解的文意，乃哲學思想的論述，開啟智慧，做為「修身、齊家、治國、平天下」。是經天緯地、治世處事之「哲學智慧」經典。其中不談也不作為占卜術數之用，也是中國自有人文歷史以來的第一部成書的經典。

## 6. 「象數派」是以周易用於占卜的術數

象數派（術派），是以周易六十四卦的「卦辭」及「爻辭」所詮述講解的文意，作為占卜的術數而使用，預測人們當下及未來的吉凶禍福。同時運用輔以其哲學思想的內涵與智慧，來改變人的思考及言行作為的應用運用，以求改變轉變運氣，「預卜先知、避凶趨吉」之經典。

## 7. 易經來自伏羲氏的太極八卦

「易經」是在講述六十四個卦，以「周易」為代表作。而該六十四卦的由來，是中國歷史，上古時期「三皇五帝」時代的「三皇」代表人物「伏羲氏」畫「太極八卦」後，直到「大禹」時代（三皇、五帝、堯、舜、禹）演繹出來的。

## 8. 「周易」乃中國人文歷史的群經之首，天下第一經

「周易」是自有中國的人文歷史以來，第一部成書的經典書冊，孔子50餘歲學周易，68歲讚周易，奉周易為儒家思想的精神中心，為五經之首，號稱天下第一經。

## 9. 本書，是以周易六十四卦辭，畫成『實圖』，作為占卜用牌（易經塔羅牌）

本書「30分鐘學會蔡上機易經塔羅占卜」，是一本書（本書），附一副牌64張（易經六十四卦的圖牌，稱為「蔡上機易經塔羅牌」）組成一套。「蔡上機易經塔羅牌」是進行易經占卜的工具，「書」則是「卜卦」程序的教學書，以及卜卦後進行解卦的答案說明書。書的內容，具有「教學性」及「工具性」的兩個功能。

「蔡上機易經塔羅牌」的設計製作產生，是依照「周易」的「六十四卦名稱」及周易「卦辭」的【象、數、理】意涵，去模擬畫出『實圖』（實際圖畫）易經塔羅牌。以該「牌」進行卜卦之後，可以占解其卦（牌）吉凶禍福的答案。

## 10. 30分鐘速成學會蔡上機易經塔羅占卜，請依照指令進行

如果，讀者想要30分鐘速成學會蔡上機易經塔羅占卜，您可以在看完本段落之後，即跳過「本單元」（第一單元）的下面內文述說。直接，就接續跳到本書「第二單元」（下單元）的『10分鐘「熟悉」蔡上機易經塔羅牌占卜操作』，立即學「蔡上機易經塔羅牌」的卜卦操作。再以本「牌」占卜出來「卦」（卦名），依照其「牌」（卦名），先翻查本書「目次」第三單元的『10分鐘「占解」蔡上機易經塔羅牌』的單元章節細目（目次、目錄），找到該「牌」（卦名）在書中的頁碼，再直接翻跳本書到第三單元『10分鐘「占解」蔡上機易經塔羅牌』內文的該頁碼，即可找到該張「牌」（卦名）的解釋說明，及吉凶禍福的答案。

# 看得懂的易經

**「易經」雖艱深，但可以很簡單的解說，解說的很簡單，讓讀者能看得懂。**

## 「易經」源自上古時代的「伏羲氏」製河圖、畫太極八卦

中國的歷史，從「三皇、五帝」開始，傳續「堯、舜、禹、夏、商、周、秦、漢、三國……」等朝代。

「三皇五帝」時期，在歷史上稱為「上古時期」，因為沒有文字記載，其文獻只靠傳說，所以又稱為「傳說時代」。

上古時期的三皇五帝年代，以「三皇」時期，為最原始古老，「三皇」中的代表人物，即是「伏羲氏」。

據歷史文獻「河出圖，洛出書」，及「伏羲王天下，龍馬出河，遂則其文以畫八卦，謂之河圖」，「洛出書，神龜負文而出，列於背，有數至於九，禹遂因而第之，以成九類，常道所以次序」的傳說。

也就是「伏羲氏」當時在今時大陸河南省「黃河」流域的支流處，發現一隻龍頭馬身的神獸，其身上的捲毛，構成一幅圖案，「伏羲氏」將他畫下，因取自黃河支流的龍馬身上的圖案，而稱為「河圖」（如圖，河圖）。但也有一說，是較為神話的版本，是龍馬送來這幅河圖給予伏羲氏。

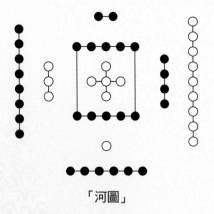

「河圖」

另，大禹治水時，於河南省「洛河」流域處，發現一隻巨大的神龜，其龜殼上，構成一幅圖案，「禹」將他畫下，因取自洛河神龜身上的圖案，而稱為「洛書」（如圖，洛書）。

為何，要先提及『河圖、洛書』。依考據「伏羲氏」是因為取得「河圖」圖案後，而依「河圖」圖案的黑白圓點的「陰、陽」邏輯，形成太極的理論，再衍生製畫出橫式八卦圖「橫圖八卦」（如圖，橫圖八卦），「橫圖八卦」再變成「圓圖八卦」，稱為「先天八卦」（如圖，先天八卦）。

而現今的「太極圖」（如圖，太極）並非上古原始的太極圖，現今的「太極圖」，據傳是由唐末宋初開國皇帝「趙匡胤」的開國軍師「陳摶」（陳希夷，又稱「希夷先生」是位政治軍事家，也是易學、道家的祖師）也是「紫微斗數」的創始人所制定的。

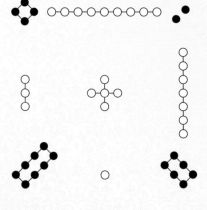

「洛書」

| 8 | 7 | 6 | 5 | 4 | 3 | 2 | 1 |
|---|---|---|---|---|---|---|---|
| ☷ | ☶ | ☵ | ☴ | ☳ | ☲ | ☱ | ☰ |
| 八 | 七 | 六 | 五 | 四 | 三 | 二 | 一 |
| 坤 | 艮 | 坎 | 巽 | 震 | 離 | 兌 | 乾 |
| 太陰 | | 少陽 | | 少陰 | | 太陽 | |
| 陰 | | | | 陽 | | | |

太極

「橫圖八卦」

「先天八卦」圖騰，再演繹衍生進化到「六十四卦」，也就是從八個卦，以「陰、陽」的邏輯，無限衍生的數理，讓他擴增到六十四卦。其進化的過程、方式及數理的演算，都是以「太極」、「陰陽」的基礎，而以倍數做無限的衍生。

依考據，在「夏朝」時期，即有六十四卦的易經之作（夏朝易經稱為「連山易」，又稱為「夏易」）所以「先天八卦」衍生「六十四卦」的年代，約略是在「禹、夏」的這個年代或更早之前，都有可能。目前所傳說的，是在「禹」的年代。

從陰陽太極，演化到先天八卦，再到六十四卦。其道理就是，宇宙從「無」到「生成」的過程，稱為「無極」生「太極」。宇宙「生成」的過程，是由「陰、陽」兩個（兩組）元素所生成，稱為「太極」。「太極」即包含著「陽極」和「陰極」（陽儀和陰儀），稱為「太極生兩儀」。

而「陽極」（陽儀）中又衍生進化出有「陽」與「陰」的兩個元素（即，陽中又有陽、陰。陽中之陽，陽中之陰）。「陰極」（陰儀）中仍然又衍生進化出有「陽」與「陰」的兩個元素（即，陰中又有陽、陰。陰中之陽，陰中之陰），以上就像細胞分裂一樣，由2個單位，進化演化出4個單位（倍數衍生），稱為「兩儀生四象」（由2變4，倍數衍生）。

四象（四個陽與陰的個體單位），繼續再以「陽陰衍生」的邏輯（倍數衍生），每一個單位個別的「陽」或「陰」的個體上，仍然又像細胞分裂一樣，又再進化演化出「陽」和「陰」，所以4個單位（四象），即演化變成8個單位（八卦），稱為「四象生八卦」（由4變8，倍數衍生）。

八卦（八個陽與陰的個體單位），繼續再以「陽陰衍生」的邏輯（倍數衍生），每一個單位個別的「陽」或「陰」的個體上，仍然又像細胞分裂一樣，又再進化演化出「陽」和「陰」。所以8個單位（八卦），即演化變成64個單位（六十四卦），稱為「八八、六十四卦。八卦生六十四卦」（由8變64，倍數衍生）。

　　後來，即由這六十四卦的「卦象、卦數、卦理」（象、數、理），誕生了「易經」這個經典之作，易經就是講這太極八卦所衍生進化演化而出的這「六十四卦」。

　　據傳，後來到了「商朝」末年西伯侯「姬昌」（周文王）的年代，「先天八卦」再由西伯侯「姬昌」（周文王）演變轉化出「後天八卦」（如圖，後天八卦）。所以，「後天八卦」又稱為「文王八卦」。

「後天八卦」

**橫線為陰陽爻符號，三爻組一個卦，兩卦（六爻）交疊成64卦**

　　上古「伏羲氏」畫「八卦」的年代，因為當時還沒有文字，沒法記載所有的人文歷史，許多事都得用傳說，所以稱為「傳說時代」。當時，唯一能有記載的人文歷史文化，就是「符號」。符號「圖騰」就是中國人文歷史文化，最原始的起源，一直傳承至今，最原始的符號，就是「河圖，陰陽、八卦」的這符號。

　　八卦的符號，是由線條構成，線條分為「一橫線」還有「橫斷線」兩種，

「一橫線」代表陰陽的「陽」，「橫斷線」代表陰陽的「陰」，無論陰陽都稱為「爻」。屬「陽」的「一橫線」，就稱為「陽爻」，屬「陰」的「橫斷線」，就稱為「陰爻」（如圖，陰陽爻）。

## 陰　　陽

『陽（陽爻）、陰（陰爻）』

舉凡，三個爻疊在一起，就組合成八卦（八個卦）的其中一個卦。各種陰陽爻互相交疊為三層，總共可以交疊出八組的不同組合，就是八卦的符號（圖騰）。三個爻疊在最下方的爻，稱為「下爻」，疊在中間的爻，稱為「中爻」，交疊在最上方的爻，稱為「上爻」（如圖，三爻八卦）。

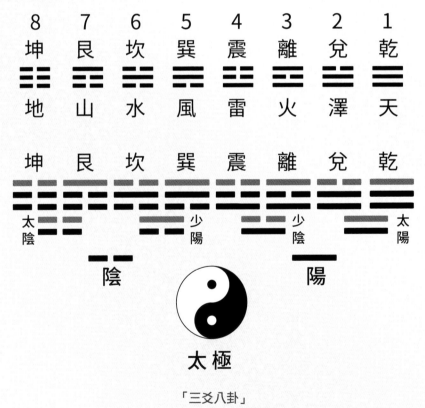

「三爻八卦」

舉凡，將八卦（八個卦）的每兩個卦（八卦的每一個單一卦，又稱為「單卦」。一個單一卦，有三個爻），互相再交疊在一起，即可以交疊出，共有**64**種的組合，就是易經八卦的「六十四卦」。

　　六十四卦是由八卦的每兩個單一卦交疊而成，所以又稱之為「成卦」。六十四卦就是六十四個成卦，每一個成卦的構造，就是八卦的任兩個單一卦所組成，下面的單卦稱為「下卦」，上面的單卦稱為「上卦」，下卦和上卦的兩個單卦（每一個單卦，都是三個爻所組成的），等於是「六個爻」的組合所交疊出來。

　　最下面的爻，是八卦各單卦在交疊形成時，第一個出現的爻，是最初的爻，所以又稱為「初爻」或「第一爻」。卦爻的交疊次序，是由下往上而疊，所以往上疊上去的第二爻，就稱為「二爻」，再往上疊的第三爻，就稱為「三爻」，再往上疊則是第四爻「四爻」，第五爻「五爻」，直到最上面的第六爻「六爻」，因為在最上面，所以稱為「上爻」。

　　另外，因為爻有分陰陽兩種爻（陰爻、陽爻），為了分辨是陽爻或陰爻，又是屬於疊在六層中的第幾層的爻，所以又會用數字代號去分辨。舉凡是「陽爻」，除了是一橫線的符號之外，另外會用數字「九」來代表陽爻。舉凡是「陰爻」，除了是橫斷線的符號之外，另外會用數字「六」來代表陰爻。

　　所以，易經六十四卦的每一個成卦的六個交疊而出的陰陽爻。第一個爻「初爻」（最下方）如是陽爻，就代稱為「初九」，初是第一爻，九是代表陽爻。第一個爻「初爻」（最下方）如是陰爻，就代稱為「初六」，初是第一爻，六是代表陰爻。

　　往上推疊上去，第二爻「二爻」如是陽爻，就代稱為「九二」，九是代表陽爻，二是第二爻。第二個爻「二爻」如是陰爻，就代稱為「六二」，六是代表陰爻，二是第二爻。

　　再往上推疊，第三爻「三爻」如是陽爻，就代稱為「九三」，九是代表陽爻，三是第三爻。如是陰爻，就代稱為「六三」，六是代表陰爻，三是第三爻。

　　第四爻「四爻」如是陽爻，就代稱為「九四」，九代表陽爻，四是第四爻。如是陰爻，就代稱為「六四」，六代表陰爻，四是第四爻。

　　第五爻「五爻」如是陽爻，就代稱為「九五」，九代表陽爻，五是第五爻。如是陰爻，就代稱為「六五」，六是代表陰爻，五是第五爻。

第六爻（六爻）是最上面，稱為「上爻」。如是陽爻，就代稱為「上九」，上是第六爻，九是代表陽爻。如是陰爻，就代稱為「上六」，上是第六爻，六是代表陰爻。

舉例，「九五」的意思，第五爻是陽爻。「六三」的意思，第三爻是陰爻。「初六」的意思，第一爻是陰爻。「上九」的意思，第六爻是陽爻。

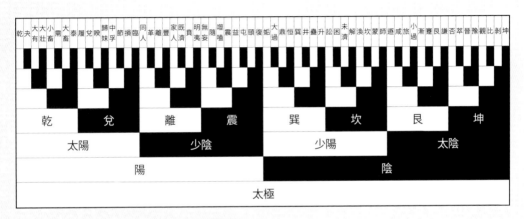

「伏羲氏六十四卦序」

## 六十四卦有「卦名，卦序」

八八、六十四卦組成「成卦」之後，每個卦，都各有一個專屬於自己卦的名稱，稱為「卦名」。依照伏羲八卦的「生成次序」，排列如下：『乾、夬、大有、大壯、小畜、需、大畜、泰、履、兌、睽、歸妹、中孚、節、損、臨、同人、革、離、豐、家人、既濟、賁、明夷、無妄、隨、噬嗑、震、益、屯、頤、復、姤、大過、鼎、恒、巽、井、蠱、升、訟、困、未濟、解、渙、坎、蒙、師、遯、咸、旅、小過、漸、蹇、艮、謙、否、萃、晉、豫、觀、比、剝、坤』等六十四個卦名。

八八、六十四卦組成「成卦」之後的次序（卦序），有分為「伏羲氏六十四卦序，先天六十四卦序，後天六十四卦序，24節氣應期卦序」，還有「周易」的「六十四卦序」，以及各種排列（演陣）方式的卦序都有。以上各不同的卦序，全都是那六十四個卦，卦的名稱（卦名）也不變，只是排列次序方式改變而已，或者用途不同而已。

| 上掛⇨ ⇩下卦 | 乾(天) | 兌(澤) | 離(火) | 震(雷) | 巽(風) | 坎(水) | 艮(山) | 坤(地) |
|---|---|---|---|---|---|---|---|---|
| 乾(天) | 1.乾為天 | 43.澤天夬 | 14.火天大有 | 34.雷天大壯 | 9.風天小畜 | 5.水天需 | 26.山天大畜 | 11.地天泰 |
| 兌(澤) | 10.天澤履 | 58.兌為澤 | 38.火澤睽 | 54.雷澤歸妹 | 61.風澤中孚 | 60.水澤節 | 41.山澤損 | 19.地澤臨 |
| 離(火) | 13.天火同人 | 49.澤火革 | 30.離為火 | 55.雷火豐 | 37.風火家人 | 63.水火既濟 | 22.山火賁 | 36.地火明夷 |
| 震(雷) | 25.天雷無妄 | 17.澤雷隨 | 21.火雷噬嗑 | 51.震為雷 | 42.風雷益 | 3.水雷屯 | 27.山雷頤 | 24.地雷復 |
| 巽(風) | 44.天風姤 | 28.澤風大過 | 50.火風鼎 | 32.雷風恒 | 57.巽為風 | 48.水風井 | 18.山風蠱 | 46.地風升 |
| 坎(水) | 6.天水訟 | 47.澤水困 | 64.火水未濟 | 40.雷水解 | 59.風水渙 | 29.坎為水 | 4.山水蒙 | 7.地水師 |
| 艮(山) | 33.天山遯 | 31.澤山咸 | 56.火山旅 | 62.雷山小過 | 53.風山漸 | 39.水山蹇 | 52.艮為山 | 15.地山謙 |
| 坤(地) | 12.天地否 | 45.澤地萃 | 35.火地晉 | 16.雷地豫 | 20.風地觀 | 8.水地比 | 23.山地剝 | 2.坤為地 |

「先天六十四卦序」

| | | | | | | | |
|---|---|---|---|---|---|---|---|
| 1.乾為天 | 2.坤為地 | 3.水雷屯 | 4.山水蒙 | 5.水天需 | 6.天水訟 | 7.地水師 | 8.水地比 |
| 9.風天小畜 | 10.天澤履 | 11.地天泰 | 12.天地否 | 13.天火同人 | 14.火天大有 | 15.地山謙 | 16.雷地豫 |
| 17.澤雷隨 | 18.山風蠱 | 19.地澤臨 | 20.風地觀 | 21.火雷噬嗑 | 22.山火賁 | 23.山地剝 | 24.地雷復 |
| 25.天雷無妄 | 26.山天大畜 | 27.山雷頤 | 28.澤風大過 | 29.坎為水 | 30.離為火 | 31.澤山咸 | 32.雷風恒 |
| 33.天山遯 | 34.雷天大壯 | 35.火地晉 | 36.地火明夷 | 37.風火家人 | 38.火澤睽 | 39.水山蹇 | 40.雷水解 |
| 41.山澤損 | 42.風雷益 | 43.澤天夬 | 44.天風姤 | 45.澤地萃 | 46.地風升 | 47.澤水困 | 48.水風井 |
| 49.澤火革 | 50.火風鼎 | 51.震為雷 | 52.艮為山 | 53.風山漸 | 54.雷澤歸妹 | 55.雷火豐 | 56.火山旅 |
| 57.巽為風 | 58.兌為澤 | 59.風水渙 | 60.水澤節 | 61.風澤中孚 | 62.雷山小過 | 63.水火既濟 | 64.火水未濟 |

「周易六十四卦序」

## 易經有三部，代表著作成書，是「周易」

　　「易經」的由來，是來自於中國上古時期的「伏羲氏」以「陰陽」的理論，畫出太極八卦之後，後於約略「大禹」時期前後，繁衍形成先天八卦的「六十四卦」，而成為、稱為「易經」。

　　據文獻記載，最早期的「易經」，是在「三皇、五帝、堯、舜、禹、夏、商、周」的「夏朝」所誕生，稱為「連山易」，又稱為「夏易」（第一部易經）。到了「商朝」所誕生的易經（改編或重編），稱為「歸藏易」（第二部易經）。直到「商末」的諸侯，西伯侯「姬昌」（周武王「姬發」的父親，後尊稱為「周文王」，是位商朝的諸侯，也是位政治軍事、易經學家）再改編或重編易經（稱為「周易」，第三部易經），將易經的「六十四卦」（單位）填上六十四個「卦辭」。這就如同將一首歌的歌曲，可能沒有歌詞，而將他填上歌詞，或者歌詞不完整、不適用，再全部重新填上完整新的歌詞的意思。

　　「易經六十四卦」的「周易」結構，除了每一個卦，由西伯侯「姬昌」（周文王），依照六十四卦的名稱（卦名）符號，分別填上了六十四組的「卦辭」之外。因為，六十四卦的每一個卦的構造，都內含有六組的「陰陽」符號（其符號，稱為「爻」。陽的符號，為「橫線」，稱為「陽爻」。陰的符號，為「中斷線」，稱為「陰爻」。如前圖，陰陽爻）。

　　後來，再由西伯侯「姬昌」（周文王）的兒子『周公旦』（周武王「姬發」的弟弟，和其父親一樣，也是位政治軍事、易經學家）整理完成易經六十四卦「卦辭」其底下，每一個陰陽爻的『爻辭』。因為，易經六十四卦，每一個卦其中，都內含有六個爻，所以『64卦x6爻』全共有『384個爻』，每一個爻，都再填上一個「爻辭」，所以爻辭的部份，就有『384個辭』。

　　另，因為六十四卦的「第一卦」和「第二卦」，是代表著「天」和「地」，是

「周文王」重新撰寫易經「六十四個卦辭」的兩大精神。因此這兩卦（第一卦和第二卦）又特別被各增加了一組「爻辭」。所以原有六十四卦、384個爻的「爻辭」，再加「2個爻辭」，總共有『386個爻辭』。

前面說過，易經六十四卦，每一個卦所填寫的「卦辭」，就如同一首歌的歌曲，填上其歌詞一樣。那麼，易經六十四卦，每一個卦，其底下內含的每一個爻（共有384爻），所填上的386個爻辭（384+2=386），就如同每一首歌的歌曲，填上其歌詞之後的「副歌」是一樣的意思。於是這一首歌，原有的「歌曲」（易經六十四卦），有了歌詞（卦辭）及副歌（爻辭），即成為一首完整的歌曲詞+主副歌的意思。

第三部的易經「周易」就這樣終於成書，因為是西伯侯「姬昌」（周文王）所撰寫，「周公旦」所整理成書，所以稱為『周易』。

## 周易的誕生

「易經」的源頭，始自於中國歷史上，上古時代的三皇五帝時期，聖人「伏羲氏」大智慧，悟宇宙天地陰陽生息之道，製河圖，畫「太極、八卦」而成為後來「易經」（六十四卦）的演論邏輯思想中心。

「伏羲氏」畫「太極、八卦」，是以「符號」來表示「陰、陽」的生息演化之道，在當時尚未有文字的年代。所以「八卦」是更早於中國文字文化的「符號文化」，也是中國人文歷史最原生、原始的文化。

大禹時期的六十四卦，誕生後來夏朝時期的「連山易」，及後來商朝時期的「歸藏易」，但都未成書，也還沒具體的成為哲學思想的學術典範之著，這時的易經，是比較偏向陰陽邏輯思想及占卜術數之用。

直到，商末西伯侯「姬昌」（後來稱，周文王），因

為其諸侯封邑屬地，富足繁榮、安居樂業，身得民心擁戴。朝中的商紂王，昏庸暴逆無道，聽信奸臣讒言，指西伯侯「姬昌」未來恐造反，應及早除之，免於後患。紂王遂召西伯侯「姬昌」入朝，加以罪名，而將其囚禁於「羑里」聽候審訊，並窺視其行為，有無反君王之言行，伺機再加以罪名，給予殺害。

　　西伯侯「姬昌」在受囚禁期間，切身體會領悟，自身的危險，如稍有差遲、言行可議，或涉及政治言論主張，動輒恐丟性命。同時，也深惡紂王暴政無道，民不聊生、生靈塗炭。

　　一方面思考，在危難生死關頭的處境，如何設身處地、明哲保身、求援求生、趨吉避凶。一方面思考，如何推翻暴政、治理天下。應從「修身、齊家」做起，以「治國、平天下」。遂將自己所擅長的「陰陽、太極、八卦、六十四卦」的宇宙觀及演繹邏輯，結合其智慧，偷偷的寫下經天緯地的文章。

　　其中，包含著「陰陽宇宙觀之道、修身齊家之道、人際處事之道、危難求生之道、君王領袖之道、軍事戰略之道、政事治國之道、統禦天下之道」，而以「哲學思想」的內涵，做為文章的表現方式，並將其文章，附掛、隱身、引伸在「易經的六十四卦」的裡頭，成為易經六十四卦的「卦辭」。同時，以此「易經六十四卦」的占卜術數，來掩人耳目，躲過被囚禁時的政治言行監視，當作是在撰寫占卜的文章，無涉政治言論。

　　後來，其子周公旦（周武王之弟），再整理出西伯侯「姬昌」（周文王）這六十四卦辭底下的「爻辭」而成書，就是「周易」的誕生。

　　『周易』的撰著精神（靈魂），離不開以下四點原則：

　　陰陽（太極八卦易經邏輯理論的思考，陰陽的宇宙觀）

善變（善於變通）

手段（善用計謀）

正道（堅守正義之道）

## 孔子68歲贊「周易」

『周易』成書時，在這之前，皆無任何完整成書的經典書冊，所以周易是中國人文歷史上，第一部成書的經典書冊。雖然，號稱上古『三大奇書』，是有三部『周易、黃帝內經、山海經』，但依考據，「軒轅氏黃帝」並非研究中醫人士，所以原著並非「三皇、五帝」時期的五帝其一（五帝代表人物）「黃帝」，且「黃帝內經」及「山海經」成書，都在「周易」及「西周」之後。

『周易』成書後，也被當作是一部單純的占卜術數的經典書冊。周朝的東周時期、戰國時代，所盛起的哲學思想家「孔子」，一開始也是如此認為。直到孔子周遊列國，講「論語」，倡導「儒家」思想，突然好奇接觸翻閱了『周易』。不翻閱便罷，一翻閱「不得了」了，赫然發現「周易」原來不僅只是一部占卜術數的經典書冊。原來，「周易」同時更是一部經天緯地的「哲學思想」智慧經典，於是周易書冊的竹捲，不捨離身，一遍又一遍的看了再看、翻了再翻、讀了再讀，而將其綁周易書冊竹捲的牛皮繩，翻斷又重綁修護了無數次，迷戀周易的曾度，可以說是廢寢忘食。更覺得自己，年邁五十餘歲後才習讀「周易」，才知周易的哲學智慧，感嘆白活了幾十年。

後來，孔子即以「周易」融入自家學派的儒家思想之中，奉為儒家思維的思想中心，以開哲學思想的大智慧。孔子並在六十八歲那一年，回魯，刪詩書，定禮樂，贊「周易」，修春秋。唯獨對「周易」一書，不敢刪改更動其文，並大大的讚嘆『周易』。

《周易》的文字意涵，傳承到了東周戰國時代，已經是不容易讀懂，因此孔子也因為讀周易之後，從其中文章的領悟參透，再撰寫了易學相關的經典著作，撰寫了『彖傳（上下兩篇）、象傳（上下兩篇）、繫辭傳（上下兩篇）、文言傳、序卦傳、說卦傳、雜卦傳』等篇章，用以闡述、解釋《周易》，統稱『十翼』，為附屬周易相關之著作。並由弟子收錄孔子對周易的講述口稿，再整理出「易傳」這部經典大作。

歷史記載：『孔子周時聖人，曾仕魯，為司寇，攝行相事，三月大治。後周遊列國，年六十八，回魯，刪詩書，定禮樂，贊「周易」，修春秋，教授學生達三千人，其中通六藝者達七十二人，後世稱為至聖先師』。

### 知易者不占，善易者不卜

孔子的儒家思想，奉「周易」為哲學思維的思想中心，也說了句『不占而已矣』。之後，後世的「荀子」也提出了『知易者不占，善易者不卜』的論述。兩者，其意，有異曲同工之妙。

其意是，知周易、懂周易者，可以從易理的哲學，得到智慧，去改變人的思考邏輯及心念，對於人生中許多的人事物，都會有慧聰的見解、先見之明、掌握趨勢，而改變人生的命運、趨吉避凶，就不用去占卜了。

所主張的是，以智慧開達人生，而非以占卜之術來指引人生。同時，一方面也將周易，框在學術角色與哲學思想的智慧領域上（現在叫做學院派），而與占卜術數做出切割。這也就是「周易」的「學派」（義理派）與「術派」（象數派）分立的起源。

## 周易分為「義理派」和「象數派」

由孔子儒家思想一脈，所倡議推行的「周易」，所講述的是周易六十四卦「卦辭」和「爻辭」的哲學思想智慧，以此智慧來開達人生「修身、齊家、治國、平天下」，排拒周易的占卜行為，稱為「義理派」，也就是周易學術領域裡的「學派」。

古今以來，約略運用在「思維智慧、洗滌人心、修心養性、教育、商場、管理、人際社交、謀略劃策、兵法戰略、治國之道」等上。

另有一派，是專研太極陰陽八卦易經六十四卦的宇宙象數觀，從陰陽推演的邏輯，及易理「周易」運用於占卜術數之用，預卜先知，斷驗吉凶禍福，以求趨吉避凶，稱為「象數派」，也就是周易學術領域裡的「術派」。

古今以來，約略運用在人命的吉兇禍福占卜推算，五術及宗教（道家、道教）、中醫的發展，科學、科技的演算，操兵佈圖演陣的戰術等上。

當然，太極陰陽八卦易經六十四卦，包羅陰陽宇宙觀及哲學智慧思想，其中蘊藏「象、數、理」（學派、義理派。術派、象數派）的奧妙。如能「學」（義理派）「術」（象數派）兩派，觸類旁通、融會貫通，結合而合併運作，則如虎添翼、倚天屠龍，既有陰陽宇宙觀的術數之占、象數之卜，更有哲學智慧思想的開達融入。占卜術數、陰陽宇宙觀，輔以哲學思想智慧；哲學思想智慧，輔以占卜術數、陰陽宇宙觀。兩者，相輔相成、相得益彰，指引及改變人生的吉凶禍福，更是可以無微不至、通權達變、通天化地。

## 群經之首，天下第一經「周易」

「周易」因屬於周氏王朝（周文王）的代表著作，所以又稱為帝王之作、帝王之學。也是儒家思想的中心，可以稱為「儒學之鑰」，也是中國歷史文化的「哲學之始」。

「周易」是中國最古老的哲學經典和文獻之一，也是中國的「十三經」（易經、詩經、尚書、禮記、周禮、儀禮、左傳、公羊、穀梁、論語、爾雅、孝經、孟子等）之一，中國人文歷史上第一部成書的經典，又是儒家的思想中心，而被儒家尊為「五經」之首，乃群經之首，號稱『天下第一經』。

## 「易經」的三個邏輯

「易經六十四卦」是一套來自於「河圖、陰陽、太極、八卦」的符號系統，所架構起來的，它的中心思想，是以陰陽的哲學和宇宙觀，從陰陽邏輯的交替和變化來描述世間萬物。

「易經」所談的是宇宙之理，天地之道，萬物生息之機（宇宙哲學觀）。而有宇宙、天地、萬物，才有人文。所以「易經」在哲學觀點上，是遠在於人文思想之上。

「易經」最初是用於占卜和氣候預報，但它的影響，遍及中國的天文、哲學、儒學、文學、宗教、醫學、算術、音樂、藝術、軍事和武術各層面，以及衍生後來的五術「山、醫、命、相、卜」等各家學派，是一部無所不包的巨著。自從十七世紀開始，「易經」也被介紹，而傳承到西方國家。

易經的邏輯，簡單的來說，就是在表述「簡易、變易、不易」的哲學道理。

### 1. 簡易

宇宙的道理，乃至於所有的『人、事、物、時、地』，無論多麼的複雜，不管如何的演變，就是離不開『陰、陽』的根本關係，和消長的變化。任何事情的好與壞的結果，都因為是『陰、陽』邏輯的作用，所演進的，這麼簡單。所以人，要有『陰陽』的邏輯觀，才能通曉智慧。

## 2. 變易

　　宇宙的道理，乃至於所有的『人、事、物、時、地』，就是『一直在變化，一直在變遷，一直在演進』，永遠再改變，永遠不停留，永遠不停止。所以人，要有『知變』的思維，做事才會『亨通』，這就是『變通』（通權達變）。而善於懂得『變化』，叫做『善變』，也就是易經的『四個精神』之一。

## 3. 不易

　　宇宙的道理，乃至於所有的『人、事、物、時、地』，永遠不變的道理，就是『事無絕對』。而唯一絕對的事，就是沒有絕對。更是呼應『變易』的邏輯，凡事都在改變、變化，所以事無絕對。能領悟、參透『事無絕對』的邏輯、道理，人才懂得，宇宙人生的道理，唯一不變的，就是一直在改變，而有『未雨綢繆、以防不測、應變突然』的態度和能力。簡單而言，就是『事無絕對，才知應變』。

## 「周易」的四個精神

　　舉凡，講述『河圖、洛書、陰陽、太極、八卦、六十四卦』的著作，都是概括稱為「易經」。具體的代表之作，有三部「連山易、歸藏易、周易」，「連山易、歸藏易」相傳並不完整，而且早已遺失，目前碩果僅存且成書的，僅有「周易」一部。

　　易經發展到周易，由西伯侯「姬昌」（周文王）撰寫六十四卦的「卦辭」，周公旦整理六十四卦的「爻辭」而成書。其中「卦辭」和「爻辭」（周易六十四卦的主文和副文），本人將他歸類出四個精神，即是「陰陽、善變、手段、正道」。

## 1. 陰陽

　　要有陰陽哲學的宇宙觀，要用這思考、思維、邏輯，來分析看待事情。任何宇宙的道理，乃至於所有的『人、事、物、時、地』，離不開『陰、陽』的根本關係，和消長的變化。

## 2. 善變

要懂得『變』的道理，唯有變、才會通，要有『善於變通』的思想、作為。所謂『山不轉，路可轉。路不轉，人可轉。人不轉，心可轉。心一轉，念一改，運就通』。所講的就是，要懂得善於變通，即是『善變』。

## 3. 手段

做事要有智慧、謀略、策劃、方式，強而有力、巨大又快速的效果，叫做『手段』。手段，並非邪惡，而是做事達到有效的效果。做事為了達到有效的效果，就是要運用手段（智慧、謀略、策劃、方式）。只要，手段不是用於行惡做壞，『手段』將是『必要之善』。

## 4. 正道

有陰陽宇宙觀的智慧，善用變通，又做事有手段的人，一定不能是個邪惡之徒，否則必作亂天下，所以一定要『堅守正道』，才會是善善之人，無論『修身、齊家、治國』或『平天下』，才有善善之為，這就是『周易』的『四個精神』。

### 易經的名稱

講述『河圖、洛書，陰陽、八卦，六十四卦』為何定名稱為『易經』，傳承說法不一，目前有幾二種說法，在解釋上，比較符合邏輯，如下：

『易』表示「變化、變換、改變、交換」的意思，所以『易經』就是一本變化無窮的經書（變化、變換、改變、交換、對調），精神上，是主講『變通、善變』，善用『謀略&手段』變化的經書。

『易』是「日、月」象形文字的組成，「日、月」即

是「陰陽」。所以『易經』就是一本講述『陰陽邏輯變化，宇宙哲學觀』的經書，精神上，就是在表現『陰陽、太極、八卦、六十四卦』的經書。

## 代表中國的「精神」和「文化」，「龍」與「周易」

中國的人文歷史，無論在古今的那個朝代，無論是屬於那個國籍，無論在世界的那個地方，無論是什麼宗教信仰，舉凡屬於中華民族的華人血統，所代表我們的『精神』和『文化』，就是『龍』和『周易』。『龍』是中華民族華人血統的『精神』，『周易』是中華民族華人血統的『文化』。

## 一套「周易」各自表述

『周易』自商末周初『西伯侯，姬昌』（周文王）所撰著，在周文王之子、周武王之弟『周公旦』的整理而成書，典籍傳承到東周戰國時代，其文字的艱深，已經是不易讀懂。其因，原著『西伯侯，姬昌』撰寫周易之時，是被商紂王囚禁監督的狀態，他的文章是有涉及滅紂的政治意圖，所以不能直白，否則會有殺身之禍，得用隱繪性（隱喻，替代）的文字、文句、文詞，做表達。

加上，周易的原文，並非白話文，而且有些無法拆解其意的文，更是令人不知所云，可能就只有周文王本人才能知其所云。所以，如沒懂其神髓的老師親自講解，應該是很難懂其原意的，用白話說，就是看不懂。

甚至就，會解釋其文的老師，都可能只是會照文解釋而已，等同是翻譯的角色。並沒有能力，可以講述出其真正智慧的精粹，深遠的哲學意涵，所以懂周易或許容易，通周易恐怕不易。

再者,周易傳承至今,經歷幾千年的歷朝各代,時空背景的轉換,古今以來,已是不能同日而諭,因時代的關係,許多不合時宜的『原意』,勢必必須要有變通的解釋,才能解釋得通,而得以轉化智慧哲學而應用。

雖然周易的原文(卦辭和爻辭)都一個樣,每一個人手中的文,都是一樣的。但當今,所有講周易的老師,卻是很難有一套共同的論述,甚至有許多是解釋的不知所云,也有許多好像是在當文字翻譯老師而已。

可是,周易,是一部智慧哲學的書,其文的原意,並不是要做文字翻譯,也不是那個用意,那麼簡單。而是要從其文裡,去變換出智慧的奧妙來,才是周易真正的精髓。所以,在周易原文的解文上,必須要懂得運用周易的四個精神『陰陽、善變、手段、正道』融入其中,才能精彩的解說出周易的神髓。

有時,也可以從反向的解釋,去得到正面的意義。而且,還要觸類旁通、舉一反三,要解釋的比周易還要更周易,比周文王還要更周文王,這叫做變通,也是周易的精神和神髓。因而,只要精通周易的人,一套「周易」,是可以各自表述的,不應受限在一個文字的框架裡去做解釋,這才是周易,精通周易。

## 易經用於占卜

周易自從被孔子奉為其儒家思想的精神核心後，即分為『義理派』和『象數派』。「象數派」的陰陽邏輯宇宙哲學觀，除了影響後來的中醫、農業、科學、科技、數學、計算、發明的發展之外，最普遍的，就是使用在「占卜」的術數上，也是目前民間對易經的使用認知。

本書『30分鐘學會蔡上機易經塔羅占卜』雖是以占卜為主體，但也不失融入「義理派」的哲學智慧。特別在書中，用蔡上機版的分析及解讀，將周易的六十四卦的六十四『卦辭』，加以融會貫通、觸類旁通、舉一反三的講述。結合在本書中，讓『義理派』和『象數派』融合為一體，應用在占解人生『人、事、物、時、地』的吉凶禍福運勢時，更能輔以智慧的哲學思考，改變思維、轉化心念，善用變化變通的謀略手段，以正道為精神中心，改變人生的命運、營造幸福！

## 「太極八卦」的陰陽宇宙觀，邏輯理論，概括人文進化與科學科技發展

「陰陽太極八卦」的這個宇宙哲學觀，就像在講述『天地、日月、寒暑、晝夜、神鬼、生死、雌雄、男女、呼吸、愛恨、喜怒、哀樂、是非、卑亢、正邪、善惡、買賣、攻守、進退、出入、裡外、凹凸、上下、左右、動靜、縮放、冷熱、施受、吉凶、禍福、成敗』的這種「陰陽」相對、相抑、相合、相沖、相應、相反，及演進和變化的關係，概括其「理論邏輯」，和「哲學思維」，進而影響之後的人文進化與科學科技的發展。

地球上的生物，幾乎都是由陰陽所構成，同時具有陰陽分裂衍生的能力。比如，人類有男性與女性，兩性交合（精蟲和卵子結合），因為陰陽結構（XY細胞）組合（受精），可以懷胎生出男嬰或女嬰。

電腦、手機，1和0，就是陰陽的關係。家庭用電，電線中的陽電、陰電，或者電池用電，其陰極和陽極，也是陰陽的關

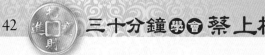

係。天上雷電的產生，包括氣候、氣象、生態的變化，也是陰陽的關係。乃至於「愛因斯坦」所發明的相對論，衍生發明出可以毀滅地球的原子彈，也是陰陽的關係。

宇宙的生成起源，地球上的生物與人文的進化，都是跟陰陽有關係之外，影響人類進步的思想哲學、修心養性、兩性關係、人際關係、領導統禦、治國之道，或者教育、科學科技、醫學、農業、商場、管理、軍事兵法戰略，都是跟陰陽邏輯的理論有關係，所有的一切，始終離不開陰陽的道理。

而地球上所有產生的事物，其陰陽的邏輯理論，不管起源於古今中外的那個年代朝代，就古今中外的人文歷史背景而言，陰陽邏輯理論的老祖宗（學說之源），就是回溯到中國歷史上「上古時期」的「陰陽太極八卦」的學理。影響及成就未來的人文數理科技科學的邏輯應用，甚鉅深遠！

## 多層次傳銷的制度，來自「太極八卦」的陰陽邏輯理論

現在的「多層次傳銷」事業，就是取其這個陰陽邏輯道理，去建立制度，產生龐大人力的行銷系統。比如，當你加入傳銷事業後，你自己雖然只是1個人力（稱為第一代），但是你去找了2個人力來加入傳銷，放在你的下面，成為你的下線組織，就等同你自己的1個人力，進化演化出下面的2個人力（稱為第二代），就是1個變2個的倍數成長（就像太極生兩儀）。

然後，第二代的這2個人力，每1人，又再個別去找2個人力，放在第二代的下面，成為第二代的下線組織（稱為第三代），就等同你自己的1個人力，因為代代倍數的繁殖衍生，已經是進化演化出下面第三代人力了，即由第二代的2個人力，變成第三代的4個人力（就像兩儀生四象）。

接著，繼續一樣的倍數繁殖的衍生，第三代的這4個人力，每1人，又再個別去找2個人力，放在第三代的下面，成為第三代的下線組織（稱為第四代），就等同你自己的1個人力，因為代代倍數的繁殖衍生，已經是進化演化出

下面第四代人力了，即由第三代的4個人力，變成第四代的8個人力（就像四象生八卦）。

接著，繼續一樣的倍數繁殖的衍生，第四代的這8個人力，每1人，又再個別去找2個人力，放在第四代的下面，成為第四代的下線組織（稱為第五代），就等同你自己的1個人力，因為代代倍數的繁殖衍生，已經是進化演化出下面第五代人力了，即由第四代的8個人力，變成第五代的16個人力了。

如此一來，你的底下（下線），只要每1個人力，都可以再倍數繁殖衍生出2個人力，代代相傳繁衍，繁衍到了第七代，你的轄下就有第七代64個人的人力（就像八卦生六十四卦），成為你的傳銷人力，他們的銷售業績，都成為你自己轄下的業績，等於一大票的人，除為自己在賺錢之外，同時也同步在幫助你賺錢，你收入就來自於下面所有人力的業績，他們在幫你賺錢。這就是陰陽繁衍的力量，也是陰陽理論的邏輯。

## 易經的「河圖、陰陽、太極、八卦」學理，恐非地球文明的文化

『周易』來自大禹時期的易經六十四卦，易經六十四卦又來自於「陰陽、太極、八卦」的演繹，再來自「河圖」的演繹。所以，整套學理的演繹，根源是來自「河圖、陰陽、太極、八卦」，是由上古時期「三皇五帝」年代的「三皇」代表人物「伏羲氏」所製畫。

以上，整個演繹過程及邏輯，和「河圖、陰陽、太極、八卦」的存在事實，都沒有問題。但有一個邏輯，非常有問題，就是「伏羲氏」以「河圖、陰陽」畫「太極、八卦」的背景，是在自有中國人文歷史的開始，遠古的「三皇」年代，

還沒有文字文化，沒有開明智慧，甚至人類還在住山洞，等於是在幾近原始的時期，就有了這「河圖、陰陽、太極、八卦」。

以當下的年代背景，能夠製畫出「河圖、陰陽、太極、八卦」這種具有科學邏輯的符號，真的令人無法置信，不可思議。以當時的時代背景邏輯而言，這根本就是不會、不可能發生的事。但他卻是發生了，而且事實擺在眼前，他真的就是存在，就是這麼而來。

所以，在不合理的邏輯之下，最合理的邏輯及揣測，「伏羲氏」以「河圖、陰陽」畫「太極、八卦」，並非地球文化，而是外星文化，這才是最為合理的解釋。那麼，上古時期「三皇五帝」年代的「三皇」代表人物「伏羲氏」，可能就是外星人，不是地球人類。

另一個合理的邏輯揣測，上古時期「三皇五帝」年代的「三皇」代表人物「伏羲氏」，流傳至今的畫像，及「伏羲氏」廟裡的「伏羲氏」神像，長相並不是人類的長相，長得非常奇特怪異，頭頂上有長角，臉型有些神似像電影中的ET。

綜觀，「河圖、陰陽、太極、八卦」產生的年代背景，還有製畫人「伏羲氏」流傳至今的畫像，根本不像人類，像個電影中的外星人，合理的懷疑推測，「河圖、陰陽、太極、八卦」是外星文化，不是地球文化。

# 10分鐘「熟悉」蔡上機易經塔羅牌占卜操作

在前一個個單元『10分鐘認識蔡上機版的中國易經』，也就是由蔡上機的方式所講解的易經，接續到本單元『10分鐘熟悉蔡上機易經塔羅牌占卜操作』，是第二階段，要教您如何操作『蔡上機易經塔羅牌占卜』的程序，如下。

# 10分鐘「熟悉」
# 蔡上機易經塔羅牌占卜操作

10分鐘「熟悉」蔡上機易經塔羅牌占卜操作，分為以下八個程序，讀者只要依照下面八個程序進行，即可學會『蔡上機易經塔羅牌占卜』的操作。

1. 專有名詞認識

2. 遵守卜卦規則

3. 溝通討論問事主題的情節

4. 問事者，開始冥想，『身、心、靈（神）』合一

5. 養牌，淨牌。用牌，變卦+占卜解卦範例說明

6. 問事者，環境及聞香，幫助聚精會神

7. 占卜師洗牌（切牌）。問事者觀牌、哈氣手心、蓋牌、取牌。解牌。

8. 重點提示

## 專有名詞認識

舉凡，須要易經占卜，都必須要在一個前題之下才能進行，就是您有任何的「人、事、物、時、地……」找不到答案，或者無法下決定，因而借重「易經占卜」的術數，來求得吉凶禍福的預知，或者為自己下決定！

所以，當您須要「易經占卜解卦」之時，必須知以下幾點專有名詞：

## 一.占卜

凡是用「卜卦」的方式，來求取所要預知的吉凶禍福或結論或下任何決定，都稱為「占卜」，又稱為「卜卦、占卦、問卦、問卜」等。

## 二.占卜師

幫人占卜（卜卦）者，稱為「占卜師」。

## 三.占卜問事者

舉凡有事，而以占卜（卜卦）的方式，來求取預知該事的吉凶禍福者，都稱為「占卜問事者」，又稱為「問占者、問卜者、問卦者」等。

## 四.卦象

凡是「占卜」出的那個「卦」（易經六十四卦的其中一卦），都稱為「卦象」，又稱為「成卦，重卦」。

## 五.解卦

凡是解釋「卦象」（成卦、重卦）的吉凶禍福或結論或答案，都稱為「解卦」。

## 六.變卦

凡是由第一個「卦象」（成卦、重卦），轉變成第二個「卦象」，也就是由第一個現像（結論），轉變成第二個現像（結論），稱為「變卦」。

## 七.主題

占卜必須有目的，稱為「主題」，也就是要問什麼事。您必須要有具體的事項與內容情節（一個求卦的主題及情節），占卜才能針對「主題」（問題）給予「解卦」（給予吉凶禍福的答案）。

## 八.應期、應位

占卜求掛，會發生的「時間點」，稱為『應期』。會發生的「地點、方位」，稱為『應位』。

# 遵守卜卦規則

占卦問卜，稱為『問事』。是當下面臨猶豫不決之事，或已經&正在進行中的事，不知吉凶將會如何。或未來的近期，想要決定&去做某些事，想要預知該事是否可行，吉凶將會如何，等等。這些問事的問題，都屬於可以占卜的範圍。

## 1. 占卜是隨機，不是固定出生八字，只能卜『過去事&現在事&近期事』

因為『占卜』不是使用當事人的「出生年、月、日、時辰」為依據的『八字命格』&『紫微斗數命盤』來推演命運的答案，而是以「隨手、隨機、隨測」的方式，來預卜吉凶。所以「占卜」是個『隨機數』（每一次的答案都會不一樣），不是個『固定數』（每一次的答案都會一樣，如出生資料去計算的「八字命格」&「紫微斗數命盤」是固定不變的）。

『占卜』問事，是「隨手、隨機、隨測」，是當下的手氣，當下的運氣。『氣』所存在，能所及，能管轄得到的範圍，只在當下近期的時間裡，一旦時間變遷後，『氣』（運氣、手氣）隨時會轉換、轉變。所以卜卦問事，只能預卜『過去、現在』及『未來短時間裡』的事。

『占卜』問事，是沒有配合『出生資料』固定的數據去推演，是不能占卜一生的事（比如，沒法問「一生的」事業職業、金錢財富、感情婚姻、健康壽元的總結論。只能問「當下的」事業職業、金錢財富、感情婚姻、健康壽元的隨時片段運勢吉凶），也不能問超過3個月以後的事，因為「手氣、運氣」將會重新更新、改變。所以，只能問、只能卜『過去事，還未有結論答案的事，預知吉凶』&『現在已經或立即正要進行的事，預知吉凶』&『近期約略3個月內，將會進行的事，預知吉凶』。

## 2. 『不能卜＆不適合卜＆不應該卜』的卦，不能卜

占卜「不能卜＆不適合卜＆不應該卜」的卦。除了不能卜一生中永遠固定的結論，和3個月之後的問題，之外。有些事項是「不能卜＆不適合卜＆不應該卜」的卦，如下：

### 不能卜的卦

⊙ 我一生是適合麼行業？事業有多大？財富有多少？感情婚
姻六親關係是如何？哪裡有疾病？可活多少歲？等。

這是一生的事，一生的結論，卜卦是卜當下，不是一生的「命格」，所以管不到。這得用出生資料「年月日時辰」排「八字命格＆紫微斗數命盤」去計算推論。

關於推演命運，不同的題目、問題，是有不同的專屬專用工具，卜卦不是用在這裡的工具，不能用錯工具，否則答案也是錯的。

### 不適合卜的卦

⊙ 嬉鬧、吵雜等，這些不對的場所，不卜。

⊙ 當事人沒意願而被勉強求卜，當事人的身心靈，是無法和卜卦的程序結合為一體，是
無效的占卜，卜出來的答案，是不會準確的（心誠則靈），不卜。

⊙ 問事者或占卜師，酒後、精神、情緒等錯亂時，不卜。

⊙ 沒依照程序，不莊重的隨便亂卜一通，或天馬行空的事，不卜。

⊙ 卜卦問事的主題，與當事人無關，不關己事，不卜。（卜卦，要本人親自、親手求卜、
占卦，如卜卦主題內涵與第二人有關，該第二人就可以占卜求卦的）。

### 不應該卜的卦

⊙ 好玩、輕藐、測試占卜，目的根本就不是真心真實要占卜，不卜。

⊙ 不需要卜卦，就都會相對預先知道答案的事，不卜。（比如，明明知道酒駕，是會發
生危險，這種有相對性答案的事，可以由簡單的思考，即可推知推定答案的。諸如

此類，根本不需要卜卦）。

⊙ 對於不痛不癢，不重要的事，根本不需要卜卦的事，不卜。（比如，晚餐吃中餐好，還是西餐好，這種可以隨時決定，並非要事的事。諸如此類的問題，不需動用到卜卦）。

⊙ 已經有了答案的事，根本不需要卜卦，不卜。（比如，已經懷孕，所懷是男胎或女胎，即已是決定的事，隨時可用婦產科的超音波檢視懷胎是男或女。或者，在醫學健康上，根本不能受孕的人，還問會不會受孕。諸如此類的問題，是不需要再卜卦的。那「問胎」的目的是什麼，是可受孕者而預備想要懷孕者，先卜卦問，近期3個月內，是否有機會可以受孕成功，如占卜答案是會成功的話，那就可以再追問，加卜一卦，占卜「問胎」的題目，追問懷胎會是男胎或女胎）。

⊙ 預備做違法的事，非使用於正途的目的，而用卜卦找吉凶預知，來作為不法的犯行，不卜。

⊙ 在3個月內，已經卜卦過的事，不能重複的再卜第二次（重複無效），不卜。因為占卜是隨機，再補第二次答案會不一樣，所以必須以第一次為準。

⊙ 已經卜卦過的事，不能因為不接受該答案，而重複的再卜第二次（重複無效），不卜。因為占卜是隨機，再補第二次答案會不一樣，所以必須以第一次為準。

⊙ 對於卜卦問事的行為，根本不相信的人，當事人的身心靈，是無法和卜卦的程序結合為一體，是無效的占卜，卜出來的答案，是不會準確的（心誠則靈），不卜。

### 3. 一卦僅能問一事（一對一）

占卜一個卦，只能問一事（一對一），不能在同一卦上，去解釋其他事，否則答案都是一樣的，這是違反卜卦的規則的。如再有其他的事，或延續本卦主題的追問後續之事，都必須一一的另外再重新起卦卜卦，以其卦做解答。

假設，占卜的『主題』，是要問現在投資一檔基金的財運，『解卦』的結果，是「財運大好」。

但要續知這大好的財運，是在那個時間點「會反應、發

生」（專有名詞，稱為「應期」），得必須重新再另起一卦（重新占卦），不能以剛剛卜到的卦做解釋。而本次的『主題』就是接續前面的議題，主問是在那個「時間」，『解卦』僅能以反應的「時間」做解答，不能有其他的吉凶結論分析。

但要續知這大好的財運時間點，是在那個「方位」（專有名詞，稱為「應位」）最有財運，得必須重新再另起一卦（重新占卦），不能以剛剛卜到的卦做解釋。而本次的『主題』就是接續前面的議題，主問是在那個「方位」，『解卦』僅能以反應的「方位」做解答，不能有其他的吉凶結論分析。

# 溝通討論問事主題的情節

占卜問事者，問事求占卜，一定會有問事的「主題」（卜卦問事的目的）。在卜卦之前，占卜師必須先與占卜問事者，先溝通好占卜問事的主題。其主題除了不得違反「占卜的規則」（如本單元的各點提示）之外，還需要就占卜問事的主題，討論其細節或情節。

比如：「問財運」，雖有主題是財運。但財運兩個字，範圍很廣，應該就財運的問題，再溝通「是要買股票的財運。還是投資理財的財運，是投資什麼標的。還是問交易買賣業績的財運，細節又是什麼。還是問加薪的財運。還是問買樂透彩的財運……等等」。其細節、情節越是詳細，占卜問事求卦解卦之後的答案，當然就是越直接的針對該情節、細節做回答（回答到問題的核心點），解卦才不會回答太過空泛（回應不到問題的核心點）。

比如：「問感情」，雖有主題是感情。但感情兩個字，範圍仍然也很廣，應該就感情的問題，再溝通「是要找對象，問有無機會。還是正想要相親，對像適不適合，會不會成功。還是問與現在感情的對像的感情問題，比如吵架了，提分手了。……等等」。其細節、情節越是詳細，占卜問事求卦解卦之後的答案，當然就是越直接的針對該情節、細節做回答（回答到問題的核心點），解卦才不會回答太過空泛（回應不到問題的核心點）。

# 問事者，開始冥想，『身、心、靈（神）』合一

當占卜問事的主題，其細節、情節，已經溝通清楚了。接著就要進行卜卦，為了卜卦的精準，在卜卦前，占卜問事者，必須【①閉上眼睛，②腦子放空，③深呼吸】然後就占卜問事的主題，其細節、情節，在自己的腦子裡冥想跑一遍。如此，即可讓占卜問事的主題，其細節、情節，與占卜問事當事人的『身、心、靈（神）』結合為一體，後面接著卜卦時，占卜問事當事人當下的運勢磁場能量，才會反映在卜卦的選牌上。所選到的牌，才會是占卜問事當事人，真正的手氣、運勢，這樣的卦，才會精確、準確。

所以，卜卦前，占卜問事者，務必就占卜問事的主題【①閉上眼睛，②腦子放空，③深呼吸】做冥想，讓當事人的『身、心、靈（神）』（身體、心理、靈性）合一。

# 問事者，環境及聞香，可幫助聚精會神

占卜問事者，在卜卦之前，如沒能聚精會神的冥想，占卜問事的主題情節、細節，就無法『身、心、靈（神）』（身體、心理、靈性）合一。那麼卜出來的卦，其準確性、精準性，就會是有問題的。所以，在卜卦的過程，務必要按照卜卦的程序及規則來，同時要視【占卜、卜卦】這行為，為【神聖、莊重】，不能隨意、隨便、輕藐、嬉鬧或當成是在試測。

占卜師，為了幫助占卜問事者，在卜卦之前，能聚精會神的

冥想，占卜問事的主題情節、細節，使其『身、心、靈（神）』（身體、心理、靈性）合一，卜出精準、精確的卦。是可以額外借重，占卜現場環境的【佈置】（猶如氣氛的硬體），及【薰香味道。檀香或精油、香水的香】（猶如氣氛的軟體），等氣氛。利用現場環境的感受，及聞香的方式，幫助讓占卜問事者，能快速的聚精會神，『身、心、靈（神）』（身體、心理、靈性）合一。

如果占卜師，就有能力，可以幫助占卜問事者，在卜卦之前，能聚精會神的冥想，占卜問事的主題情節、細節，使其『身、心、靈（神）』（身體、心理、靈性）合一。那不需要有現場環境的【佈置】（猶如氣氛的硬體），及【薰香味道。檀香或精油、香水的香】（猶如氣氛的軟體），等氣氛，則是無妨的。

# 養牌，淨牌。用牌，變卦＋占卜解卦範例說明

## 一. 養牌，淨牌

占卜的【牌】（卜卦的器具），對於占卜師而言，是非常的重要，猶如占卜師的第二生命，所以必然對占卜的牌，絕對奉為【神聖】，這【牌】也才會【神聖】，那是相對的道理。如對牌，不奉為神聖，卻拿來幫人占卜問事，對於占卜的行為，那豈不是笑話，還能談準確、精確嗎！？

所以占卜師，必然會，將牌小心翼翼的收好、放好、保存好。有的占卜師，甚至還會《養牌、淨牌》【①隨身攜帶。②經常練習把玩牌，就像是寵物一樣，也增加熟練度，即增加功力。③讓牌和自己睡在一起，尤其放在枕頭旁，接近自己腦細胞、腦神經、腦電波，和自己通靈性。④將牌奉為「神物」或「珍貴的藝術品」一樣，供起來，有時還會用檀香去薰香供牌。⑤如非占卜的需要，盡量不讓其他人碰牌。且於牌的使用前，或占卜後，還會再用檀香去薰香，以做為「清淨、淨牌」的動作。】以上，就像讓牌和自己的靈性相通一樣，以增加占卜的功力。

## 二.用牌，變卦+占卜解卦範例說明

所謂「用牌」，就是占卜問卦，要用占用（選取）幾張牌。原則上，依不同的占卜問事主題及需求，分為選取【①一張牌。②二張牌。③三張牌。】等三種「用牌」方式。

### 一張牌的使用+占卜解卦範例說明

大部份，占卜問事的主題，都以取一張牌為主，如有相關衍生的問題，要追問，而需取用「第二張」及「第三張」牌，也可以使用本法，一次一張牌的占卜方式。只是，當每一次重新占卜取牌，都必須重新依照占卜程序來，重新冥想再占卜取牌，全程的時間，會較久一點。

例如：占卜問事者，卜卦的主題是，現在想換工作，好不好。所以，在占卜求卦的「取牌」時，即可使用一次選取「一張牌」的方法。本張牌是解答，就是現在換工作的吉凶禍福運勢。

如，本張牌選取到的是《第二三卦山火賁》（是粉飾表面的卦），表示現在想換工作，只是表面看似很好而已，實質換了工作之後，結果不會是你看到，或所想像的那麼好，當換了工作，清楚一切之後，會令你大失所望。

### 二張牌的使用+占卜解卦範例說明

如果，占卜問事的主題，一次性的卜卦，是要概括問【①現在的狀況，②及將來變化的狀況】。可以在一次的占卜「取牌」時，一次就選取【二張牌】（但要在占卜之前，就說明溝

通設定好）。第一張牌，是占解，所問主題的現在事（當下的吉凶禍福答案）。同時（同一次），選取的第二張牌，是占解，所問主題的未來事（將後變化的吉凶禍福答案）。以上，「現在」（第一張牌）到「將後」（第二張牌）的轉變，這轉變的占卜行為，又稱為『變卦』。

例如：占卜問事者，卜卦的主題是，現在交往到一位男朋友，問他們的現在及未來《戀愛運》吉凶禍福，結果及演變將是如何。所以，在占卜求卦的「取牌」時，即可使用一次選取「二張牌」的方法（稱為，變卦的方法）。第一張牌是解答，兩個人現在的戀情運勢，第二張牌則是解答，兩個人的戀情在未來的發展結論。

如，第一張牌選取到的是《第三一卦澤山咸》（是陰陽交合的卦），表示兩人在認識後一拍即合，很快墜入愛的河，發生性關係，恩愛甜蜜。但，第二張牌（變卦）選取到的是《第二五卦天雷無妄》（是荒謬無妄之災的卦），表示兩人的戀情，將來必會發生嚴重性的不合、摩擦、衝突，突然的撕裂，分道揚鑣、不歡而散，而且會有暴力。

以上，由第一張牌到第二張牌的演變，稱為「變卦」。變卦可以在一次性的占卜問卦時，就設定好，就「變卦」模式來取牌。而該次的占卜時，就直接的選取兩張牌。或者，也可以一次一張牌，重新重卜，作為變卦的占卜行為，也行，只是分兩次占卜，占卜取牌，必須重新操作其程序，時間會花費比較久。

另外，如想再追問，剛剛第二張牌的答案「分道揚鑣、不歡而散」會發生的時間，是在什麼時候（稱為，應期。應驗在什麼期間）。可以重新再占卜一卦，主問『時間點』（本次，因為是問時間點，僅能就時間點，作為解答，就不能做其他吉凶禍福解卦之用及解答）。如，占卜取牌得到的是《第三二卦雷風恆》，依該卦解卦的時間點是『小暑初到小暑中間日』（農曆12月令的24節氣，從每年的農民曆，都可查閱到該年一年裡的24節氣，是在農曆的幾月幾日～幾月幾日之間）。則表示「分道揚鑣、不歡而散」會發生的時間，是在『小暑初到小暑中間日』這段期間。

## 三張牌的使用+占卜解卦範例說明

如果，占卜問事的主題，一次性的卜卦，是要概括問【①過去的事件，②現在的狀況，③及將來變化的狀況】。可以在一次的占卜「取牌」時，一次就選取【三張牌】（但要在占卜之前，就說明溝通設定好）。第一張牌，是占解，所問主題的過去事（所占問的事，是發生在過去的吉凶禍福事件，但該事必須是截至目前為止，都還不知其事件的吉凶，才能對該過去事件的吉凶做占卜。如過去事件的吉凶，是早已知的答案了，那該事就不符合占卜規則。需改由現在事，或未來近期事，問起）。

同時（同一次），選取的第二張牌，是占解，所問主題的現在事（當下的吉凶禍福答案）。同時（同一次），選取的第三張牌，是占解，所問主題的未來事（將後變化的吉凶禍福答案）。以上，「過去」（第一張牌）到「現在」（第二張牌）到「將後」（第三張牌）的轉變，這轉變的占卜行為，又稱為『變卦』。

例如：占卜問事者，卜卦的主題是，過去因為借一千萬的台幣給朋友，說是要開公司做生意，後來朋友跑了，不知去向，錢沒還，更不知當初借錢的說詞是真或假，問這筆借出去的錢，吉凶禍福如何，能否要回。所以，在占卜求卦的「取牌」時，即可使用一次選取「三張牌」的方法（稱為，變卦的方法）。第一張牌是解答，過去借錢的行為，第二張牌是解答，關於這筆錢的現在運勢，第三張牌則是解答，關於這筆錢在未來的結論。

如，第一張牌選取到的是《第十卦天澤履》（是危險步履的卦），表示當時借錢的理由，表面讓你覺得很開心，但實質是埋伏危險，根本就是假借開公司，要吃掉這一千萬台幣的金額。但，第二張牌（變卦）選取到的是《第二七卦山雷頤》（是休養生息的卦），表示現在這筆錢，是拿不回來的。最後，第三

張牌（變卦）選取到的是《第一卦乾為天》（是登峰造極的卦），表示未來該事件的運氣大好，這筆金錢，將來是可以要回來的。

以上，由第一張牌到第三張牌的演變，稱為「變卦」。變卦可以在一次性的占卜問卦時，就設定好，就「變卦」模式來取牌。而該次的占卜時，就直接的選取三張牌。或者，也可以一次一張牌，重新重卜，作為變卦的占卜行為，也行，只是分三次占卜，占卜取牌，必須重新操作其程序，時間會花費比較久。

另外，如想再追問，剛剛第三張牌的答案「錢可以要回來」會發生的時間，是在什麼時候（稱為，應期。應驗在什麼期間）。可以重新再占卜一卦，主問『時間點』（本次，因為是問時間點，僅能就時間點，作為解答，就不能做其他吉凶禍福解卦之用及解答）。如，占卜取牌得到的是《第五六卦火山旅》，依該卦解卦的時間點是『秋分末到寒露初』（農曆12月令的24節氣，從每年的農民曆，都可查閱到該年一年裡的24節氣，是在農曆的幾月幾日～幾月幾日之間）。則表示「錢可以要回來」會發生的時間，是在『秋分末到寒露初』這段期間。

另外，又想再追問，剛剛第三張牌的答案「錢可以要回來」，那要往那個方向去找到這個債務人呢（稱為，應位。應驗在什麼方位）。可以重新再占卜一卦，主問『方位地點』（本次，因為是問方位地點，僅能就方位地點，作為解答，就不能做其他吉凶禍福解卦之用及解答）。如，占卜取牌得到的是《第六二卦雷山小過》，依該卦解卦的方位地點是『西方』。則表示，要找到這個債務人，可往西方去找找或打聽。

# 占卜師洗牌（切牌）。問事者觀牌、哈氣手心、蓋牌、取牌。解牌

以下，四種占卜求卦《取牌》的方法，可以依其當下環境的方便性做選用。取牌之後，觀看其牌底，即知所求到的「卦象」。再依其卦象，翻查本書《目次，第三單元》（該卦所在的頁碼），再翻查其頁，找到該卦的解說，得知其吉凶禍福。

## 1. 洗牌取牌法

占卜師將64張牌，一疊，已經準備好，放在手中。

接著，請占卜問事者，眼睛掃描凝視這一疊牌（64張牌）一遍，再請占卜問事者深呼吸，哈一口氣在自己的手掌心（左右手皆可）。用這隻手心，蓋一下占卜師手中的這一疊牌。

然後，占卜師開始進行《洗牌》的動作，這同時，占卜問事者的眼睛，必須同步看著占卜師手中洗牌的動作。讓占卜問事者《隨機喊停》，當下占卜師才能停止洗牌，而且必須聽到《停》就不能再洗牌。

最後，這一疊牌（64張牌）最上面的這張牌，就是占卜問事者占卜到的牌。將他翻開，看《牌底》的圖文，是《第幾卦，什麼卦名》。再從牌底的《圖文》，及從本書《目次，第三單元》的頁碼，去尋找到這張牌，在本書中的內文及詳解，去解答問事主題的吉凶禍福。

例如：選到的是《第三四卦雷天大壯》（是盛世時期的卦），除了《牌底》是有《圖文》可以解卦之之外。再從本書的《目次，第三單元》的本卦頁碼指示，翻到本書裡的該頁碼的內文，即可找到《第三四卦雷天大壯》馬上可以解讀吉凶禍福的答案。

例如：占卜問事者，是問「我想要創業，是否可行?」。解卦，吉凶禍福的答案「運氣旺盛，非常好，創業可成」。

## 2. 叼牌取牌法

　　占卜師將64張牌，一疊，已經準備好，放在手中。

　　接著，請占卜問事者，眼睛掃描凝視這一疊牌（64張牌）一遍，然後占卜師開始進行《洗牌》。這同時，占卜問事者的眼睛，必須同步看著占卜師手中洗牌的動作。占卜師洗牌洗畢停止結束後，再請占卜問事者深呼吸，哈一口氣在自己的手掌心（左右手皆可）。用這隻手心，蓋一下占卜師手中的這一疊牌。並同時從占卜師手中的這一疊牌，叼起牌。

　　可以，只叼取第一張牌，或64張的其中任何一部份的牌，或全部整疊的牌，都可以（1~64張之間，任意隨意叼起幾張牌，都可以）。

　　再將占卜問事者叼起的牌，最下面這張牌翻開來看牌底，就是占卜問事者占卜到的牌。看《牌底》的圖文，是《第幾卦，什麼卦名》。再從牌底的《圖文》，及從本書《目次，第三單元》的頁碼，去尋找到這張牌，在本書中的內文及詳解，去解答問事主題的吉凶禍福。

　　例如：選到的是《第二卦坤為地》（是學習處事的卦），除了《牌底》是有《圖文》可以解卦的之外。再從本書的《目次，第三單元》的本卦頁碼指示，翻到本書裡的該頁碼的內文，即可找到《第二卦坤為地》馬上可以解讀吉凶禍福的答案。

　　例如：占卜問事者，是問「我想要向對方求婚，是否可行?」。解卦，吉凶禍福的答案「目前沒有利的條件，時機不對，暫時不宜，同時先充實好自己的條件，再求婚」。

地天泰

【卦辭】：「泰，小往大來，吉亨。」　上上吉
得91分

第十一卦地天泰　安泰穩固

【象】：地高大於天上，象崇崑山，金穩如泰，半雲疊飄。

【彖】：左支右划左掌，西淵方，揚方。

【爻】：雷屬弧雷刀弘不，且參楳如泰，半雲疊飄。　施以八是，寫判　光利，古祥亨道。

## 3. 攤牌取牌法

占卜師將64張牌，經洗牌後，攤開成「扇型」擺在桌面上。

讓占卜問事者，用眼睛掃描凝視64張牌一遍，接著請占卜問事者深呼吸，哈一口氣在自己的手掌心（左右手皆可）。再用這隻手心，親自在這64張牌上，懸空的遊走一遍，事畢。親自從這64張牌中，選出其中的1張牌，翻開牌底，看是選到哪一張牌（第幾卦，什麼卦名）。再從牌底的《圖文》，及從本書《目次，第三單元》的頁碼，去尋找到這張牌，在本書中的內文及詳解，去解答問事主題的吉凶禍福。

例如：選到的是《第十一卦地天泰》（是安泰穩固的卦），除了《牌底》是有《圖文》可以解卦的之外。再從本書的《目次，第三單元》的本卦頁碼指示，翻到本書裡的該頁碼的內文，即可找到《第十一卦地天泰》馬上可以解讀吉凶禍福的答案。

例如：占卜問事者，是問「我的某位家人，目前發生車禍，正在醫院急救中，有生命危險，求問這位家人，是否可以脫離生命危險（問壽）」。解卦，吉凶禍福的答案「可以平安的度過生命危險」。

## 4. 八八數位，取牌法

占卜師將64張牌，經洗牌後，把64張牌，分牌，分成8堆，每堆即有8張牌，擺在桌面上。

占卜師必須指示占卜問事者，其兩眼必須注視占卜師以上的每一個動作。接著，讓占卜問事者，眼睛掃描凝視這8堆牌一遍。再請占卜問事者深呼吸，哈一口氣在自己的手掌心（左右手皆可）。再用這隻手心，親自在這8堆牌上，懸空的遊走一遍，事畢。

再告知占卜師，決定要挑選8堆牌的第幾堆（1~8堆，說出或選出一堆。舉例選第5堆），再告知所選的這一堆牌（由上往下算，有8張），是要挑選第幾張（由上往下算，1~8張，說出或選出一張。舉例選第2張）。最後，選出的那1張牌（舉例：第5堆的第2張牌），翻開看是選到哪一張牌（第幾卦，什麼卦名）。再從牌底的《圖文》，及從本書《目次，第三單元》的頁碼，去尋找到這張牌，在本書中的內文及詳解，去解答問事主題的吉凶禍福。

例如：第5堆的第2張牌，選到的是《第六三卦水火既濟》（是成功之後的卦），除了《牌底》是有《圖文》可以解卦的之外。再從本書的《目次，第三單元》的本卦頁碼指示，翻到本書裡的該頁碼的內文，即可找到《第六三卦水火既濟》馬上可以解讀吉凶禍福的答案。

例如：占卜問事者，是問「我想要懷孕，近期是否有機會懷孕」。解卦，吉凶禍福的答案「水到渠成，懷孕可以成功」。

# 重要提醒

⊙ 如卜卦【問健康】，是因為當下健康自覺有異樣，或已經在生病中，才能卜問。

⊙ 如卜卦【問壽】，是因為當下或近期裡，已經處在生死危急的關頭，才能卜問。

⊙ 如卜卦【問胎】，是因為先占卜問卦後，解卦之答案，是近期內有機會懷孕受胎者，才能再追問是「男胎」或「女胎」《問胎》。

⊙如卜卦【問應期】（反應、應驗的期限、時間點），無論是問任何事件（主題），占卜問卦後，解卦之答案，舉凡是會成功或有機會者，才能再追問是會應驗在那個時間點《應期》。

⊙如卜卦【問應位】（反應、應驗的方向、方位點），無論是問任何事件（主題），占卜問卦後，解卦之答案，舉凡是會成功或有機會者，才能再追問是會應驗在地點、方位《應位》。

⊙有效期間，占卜任何「人、事、物、時、地……」（主題），是以當下的手氣（運氣）為靈驗。所以，占卜之事，必須是「過去事，現在進行事，現在發生事」。如欲求問「未來事」的吉凶禍福等預知結論，必須在三個月內，才可列為「占卜求卦」的手氣（運氣）時效範圍。如不符合以上所述，均不在「占卜求卦」的有效期間內，其所占卜出的「卦象、卦解」將失憑無效。

⊙一對一，占卜任何「人、事、物、時、地……」（主題），一個卦，僅能解釋一件事，不能概括所有事，稱為「一對一」。如有衍生、或追問、或接續的任何問題，都必須重新一個個的再另行起卦（占卜）及解卦。

⊙重覆無效，每一個「占卜求卦」的主題，均以第一次「占卜」的「卦解」為標準。在三個月內，不能再以相同的主題，再卜問第二次。因為，占卜兩次以上，每次占卜出來的「卦象、卦解」將不會與前次不一樣。所以，同一主題，不得重複占卜，如重複占卜，第二次以後的，均為失憑無效。

⊙心誠則靈，占卜任何「人、事、物、時、地……」（主題），「占卜求卦」的動作和過程中，必須「身、心、靈（神）」合一。就是精神專注，心中去冥想所要求問的主題，然後身體去做「占卜求卦」的動作，除心中冥想所要求問的主題之外，還必須要虔誠一致（就是有心、用心、專心），所占卜出來的「卦象」才會有準確性。

　　如果，把「占卜求卦」當成是好玩消遣，或者在「占卜求卦」動作和過程中，「身、心、靈（神）」不能合一，不夠虔誠一致，那麼所占卜出來的「卦象、卦解」亦將失憑無效。

# 10分鐘「占解」
# 蔡上機易經塔羅牌

## 易經的 64 張『實圖』塔羅牌圖解

　　將占選到的牌，依其牌示「卦」的順位次序（第幾卦）名稱（卦名），翻閱本書「目次」，即可找到該牌的「次序、卦名」是在內文的哪一頁，立即翻閱，查看該「卦」的詳情、解說、解答，即可立知吉凶禍福，將是如何！

　　比如，占選到的易經塔羅牌，其牌「卦」的「順位、名稱」是【第一卦乾為天】，除了牌上面有簡易的註解之外，即可再翻查本書目次，找【第一卦乾為天】在內文是第幾頁，翻查其頁，看該卦『蔡上機易經卦象塔羅圖解』&『蔡上機版的周易智慧哲學講述』的詳細說明，及『周易六十四卦吉凶禍福～斷解』，即可得到占卜的吉凶禍福答案！

# 第一卦

## 乾為天

【卦辭】：「乾，元，亨，利，貞。」

◆上上吉◆
得100分

第一卦乾為天 登峰造極

【象】：天外有天，胸懷天下，登峰造極，物極防反，韜光養晦，避免折損。

【數】：芒種未到夏至日。西北方。陽卦。

【理】：胸懷天下者，守住根本，深養根基，堅守正道，方能亨通、得利且銳利厲害無比。

## 蔡上機易經卦象塔羅圖解

第一卦【乾為天】，是兩個『乾卦』（象天）相疊「成卦」。天再疊上天，即天外天，象徵運勢登峰造極到頂點，也表示胸懷天下，兩個天疊在一起，稱為『天』卦，又稱為『乾』卦。但需防範物極必反，所以有必要韜光養晦，以避免折損。

易經塔羅牌，以中國歷史上古時期，三皇五帝的五帝代表人物『黃帝軒轅氏』，劍指黃河「河南」中原一帶，逐鹿中原，為歷史上第一位統一中國的君王，意表胸懷天下。

## 蔡上機版的周易智慧哲學講述

胸懷大志者才能放眼天下，而胸懷大志天下者，得從各種條件的根基，耕耘奠立起，且必須堅守正道，才有通暢順利的亨通之路，創造利益的發達人生。

同時，當飛黃騰達者，更要堅守正道，且要更加的固守一路走來，所站立起來的根基，守住根、根本、根據地，照顧好為你打拼的所有人，讓他們對你的奉獻更加不離不棄，才能有利於未來更順暢通達的有利之途。並要有物極必反的警覺、警惕、體悟，切勿在功成之後而剛愎自負，蠻橫驕縱，獨裁專制，狂妄自大，目中無人，必要懂得韜光養晦，以避免有所折損。

註：《乾》天、天道，主宰，胸懷天下。《元》開始，首，主要，根本。《亨》通暢順利。《利》利益，獲取。《貞》堅定，操守，正道。

| 乾卦 上卦 | 上爻（陽） | ■■■ | 上九（上爻） |
|---|---|---|---|
| | 中爻（陽） | ■■■ | 九五（五爻） |
| | 下爻（陽） | ■■■ | 九四（四爻） |
| 乾卦 下卦 | 上爻（陽） | ■■■ | 九三（三爻） |
| | 中爻（陽） | ■■■ | 九二（二爻） |
| | 下爻（陽） | ■■■ | 初九（初爻） |

## 周易『六十四卦』吉凶禍福～斷解

# 周文王諭令

◆【運氣、願望、機會、交涉】：強而旺盛，往上達頂點，趕緊把握，極力圖謀，名利雙收成功。但得意忘形，高傲怠慢，恃勢凌人，過份強求，反招挫敗。

◆【財運、買賣投資】：財源旺盛滾滾來，保持實力，見好就收。過份的銅臭味，反招破耗。乘勝擴大投資，家當傾巢而出者，小心失控挫敗。

◆【商情、資金商借】：現在是最好的市場，已達頂點，再緩會跌市。拉抬氣勢不吹噓，展現實力，可獲資金。

◆【事業、開業、求職、考試】：功成名就，鼎盛發展。創業擴業時機大好，但過度貪心，耗資重金，風險將現。貴人提拔給予舞台，需知恩圖報，才不會孤立無援。用功有優越好佳績，若大意或驕傲，恐名落孫山「差之分毫，失之千里」。

◆【轉行、遷移、旅行】：異動心強烈，先靜觀其變，再變動為佳，強出頭將會遭逢阻礙。出行吉利，勿至高聳危險處，否則會發生意外。

◆【戀愛、婚姻】：行情看漲，眾所矚目，詢問度高，戀情或婚事可成。若眼光姿態過高，或腳踏兩條船，將招損破敗受唾棄。

◆【健康、問壽】：病者得醫治，如逞強不醫治，病情將反轉惡化。重症危急者，調養生息可延壽，動脾氣損元氣，恐會突然終亡。

◆【糾紛、訴訟】：有理得勝，蠻橫壓霸、無理取鬧，將遭厄運。

◆【失物、尋人】：失物可尋回，但人恐遠走高飛，於某處活躍著，隨時會換地點，較難尋得，可由西北方尋找。

◆【問胎、應期、應位】：男胎。芒種末到夏至日。西北方。

# 第二卦

## 坤為地

【卦辭】：「坤，元亨，利牝馬之貞。君子有攸往，先迷後得主利，西南得朋，東北喪朋。安貞，吉。」

平下

得45分

第二卦坤為地 學習處事

【象】：地藏地下，運勢受埋，時不我予，學習充實，等待機會。

【數】：大雪未到冬至日。西南方。陰卦。

【理】：學習處世的根本，像雌馬溫馴雄健，會亨通。有志者，複製成功版本最有利，往有利方向走，勿背道而馳。守正道會吉祥。

## 蔡上機易經卦象塔羅圖解

第二卦【坤為地】，是兩個『坤卦』（象地）相疊「成卦」。地再疊下地，即地下地，象徵深埋收藏到底點，也表示環境條件不利，時不我予，運勢不再，兩個地疊在一起，稱為『地』卦，又稱為『坤』卦。這時不應有所作為，以免挫敗。反應極力充實學習，一切有利於的自我條件，等待有利的時機一到，讓已經準備好的自己，一戰功成。

易經塔羅牌，主人物在地窖裡，身處地下之地，表示好運受埋，時不我予，接受母親的教導，學習準備有利於己的條件，等待有利的時機到來時，以實力圖謀未來。

## 蔡上機版的周易智慧哲學講述

學習為人處世，或環境時不我予，其根本之道，要能做到像雌馬一般的溫馴且雄健，陰陽剛柔並濟，就會順利如意。志在天下者，雖有所作為，但做任何的事，扮演第一個走在前面的開創者，是易失敗的，未有正確的方向，或沒好的時機，勿輕舉妄動，否則將受挫。所以，如能記取前人失敗的教訓，不重蹈覆轍，且跟隨複製已經成功版本者的後面走，因循並修正前人的腳步，就會有根本的收穫。

做任何事或求援助，要懂得往有利於己的「人、事、物、時、地」方向走，才會得到貴人或助力，如背道而馳，當會失利。雖往有利的方向會得助，但其未必是善類。所以，求援的目是同流，不是要合污，唯有堅守在正道上，才會吉祥平安。

註：《坤》地、人道，根本基礎，為人處事。《元》開始，首，主要，根本。《亨》通暢順利。《利》利益，獲取。《牝》雌性。《貞》堅定，操守，正道。《攸》所。《主》根本。《西南》有利的方向。《東北》不利的方向。

| | | | |
|---|---|---|---|
| 坤卦 上卦 | 上爻（陰） | ▬▬ ▬▬ | 上六（上爻） |
| | 中爻（陰） | ▬▬ ▬▬ | 六五（五爻） |
| | 下爻（陰） | ▬▬ ▬▬ | 六四（四爻） |
| 坤卦 下卦 | 上爻（陰） | ▬▬ ▬▬ | 六三（三爻） |
| | 中爻（陰） | ▬▬ ▬▬ | 六二（二爻） |
| | 下爻（陰） | ▬▬ ▬▬ | 初六（初爻） |

## 周易『六十四卦』吉凶禍福～斷解

# 周文王諭令

◆【運氣、願望、機會、交涉】：時不我予，不可輕舉妄動，才能安然無事。機會得等，凡事無法近期達成，要沉得住氣，有耐心恆心毅力，並充實累積實力，靜觀其變。

◆【財運、買賣投資】：現況不利，只有損失，不會得利，不宜冒然投資，否則會吃虧。求財宜長期投資規劃或儲蓄為佳，並需再充實創造財富的資訊專業。

◆【商情、資金商借】：市道不利，只能先觀望，掌握局勢，並加強實力，等時機。條件恐不足，商借不到資金。

◆【事業、開業、求職、考試】：缺乏舞台機會，不得提攜，表現低迷。不行開業擴業，必需再準備並等候時機。短期無法找到好工作，充實條件能力為優先。成績不理想，榜單排名難看，需要有更多時間的長期準備，才會有較好的成績。

◆【轉行、遷移、旅行】：時機不佳，短期不能輕舉妄動。暫時不要出遠門，或者長期旅行。

◆【戀愛、婚姻】：短期不會有好對象，找戀人、相親或論及婚嫁難成，易被拒絕。感情關係低落，平時就要有恆心耐心及溫心愛心，彼此關係才會升溫。

◆【健康、問壽】：健康走下坡，病者需要苦熬一些時日，得專心養病。重症危急者，恐有生命的關卡。

◆【糾紛、訴訟】：缺乏強勢優勢的一面，處於失勢弱勢的狀態，恐任由人弱肉強食，暫時先退讓，或勿興訟求糾紛。

◆【失物、尋人】：失物如不是在室內被埋住，就是已經遺失，人物就躲藏在附近不遠處，也可能失蹤或沒有氣息，可往西南方之低窪埋藏處尋找看看。

◆【問胎、應期、應位】：女胎。大雪末到冬至日。西南方。

# 第三卦

## 水雷屯

【卦辭】：「屯，元亨，利貞，勿用有攸往，利建侯。」

小凶

得40分

第三卦 水雷屯 未雨綢繆

【象】：天上水氣烏雲，已開始雷擊，應未雨綢繆，囤積糧食，以備艱困時的不時之需。

【數】：冬至末到小寒初。北方。陽卦。

【理】：艱難於前，固守根本，囤積實力，堅守正道，以接挑戰，才會通過順利。時機不對勿輕舉妄動，可結交有利的人事物，以助破除未來艱困並建功立業。

## 蔡上機易經卦象塔羅圖解

第三卦【水雷屯】，『坎卦』（象水）在上，『震卦』（象雷）在下，相疊「成卦」。天上烏雲水氣（上卦，坎、水）之下在打雷（下卦，震、雷），不久後即將會下雨，表示艱難的時刻將到來，趁還未下雨之前，要未雨綢繆，即時有所準備，以應艱難日子到來後的不時之需。

易經塔羅牌，天上烏雲下在打雷，即將要下雨了，主人物趕緊在準備糧食，等下雨後，沒法出門時，家裡還有糧食，可以度過下雨時的艱難時刻。

## 蔡上機版的周易智慧哲學講述

在艱難的時期，更要固守住根本，囤積實力，聚集力量，要有堅定的意志去面對，並走正道「貧賤不能移」，這樣才會通過順利，有利於未來的發展。

由於，勢單力薄面對艱難時刻，所以不可輕舉妄動，隨意貿然採取行動，才不會遭逢挫敗。這時，應與更多有利於己的人士交往，充實厚植自己的資源，這樣才有利於抵抗艱難的時刻，且有助於未來建功立業的基礎。

註：《屯》聚集，駐守，艱難時期。《元》開始，首，主要，根本。《亨》通暢順利。《利》利益，獲取。《貞》堅定，操守，正道。《攸》所。

| | | | |
|---|---|---|---|
| 坎卦 上卦 | 上爻（陰） | ▬▬ ▬▬ | 上六（上爻） |
| | 中爻（陽） | ▬▬▬▬▬ | 九五（五爻） |
| | 下爻（陰） | ▬▬ ▬▬ | 六四（四爻） |
| 震卦 下卦 | 上爻（陰） | ▬▬ ▬▬ | 六三（三爻） |
| | 中爻（陰） | ▬▬ ▬▬ | 六二（二爻） |
| | 下爻（陽） | ▬▬▬▬▬ | 初九（初爻） |

## 周易『六十四卦』吉凶禍福～斷解

# 周文王諭令

◆【運氣、願望、機會、交涉】：即將面臨困難，疲於奔命，難以成事。在艱難還未出現之前的黃金關鍵，趕緊下手為強，否則願望與機會都稍縱即失。如沒機會，只好未雨綢繆保持實力，以對應困難的到來，能夠求得自保。

◆【財運、買賣投資】：財務的艱難將到，財運多阻受困，會有意外的損財。買賣投資也將面臨損害損失。

◆【商情、資金商借】：市況將進入艱困期，越來越是不利。不久後銀根也將被限縮，眼前如支借不到，再來更是沒機會。

◆【事業、開業、求職、考試】：即將面臨許多的阻逆障礙，冒然開業風險將至，求職難成。面臨艱鉅的考題，成績相當差。

◆【轉行、遷移、旅行】：轉行後會有許多困阻，最好再等等。遷移後或旅途過程中，會發生許多麻煩事，因事耽誤行程。

◆【戀愛、婚姻】：戀情好事多磨，戀愛或求婚都將逐漸陷入困難中。感情路上即將發生阻障，沒耐性或愛情信念不夠堅定，會造成分手。

◆【健康、問壽】：健康已亮黃燈正要轉為紅燈，爭取黃金時間，趕緊醫治。重症危急者，即將進入危險期。正處於生死掙扎者，將面臨壽終。

◆【糾紛、訴訟】：糾紛會越來越明顯，訴訟也將對己不利，即將陷入困境中。

◆【失物、尋人】：失物如不久，盡快尋找，在自宅中可能找得回來。失物如久，恐早落入他人之手，或找不回來。被尋之人正過著波折困難的日子，現已動象不明了。趕快往北方找找看。

◆【問胎、應期、應位】：男胎。冬至末到小寒初。北方。

# 第四卦

## 山水蒙

【卦辭】：「蒙，亨。匪我求童蒙，童蒙求我。初筮告，再三瀆，瀆則不告，利貞。」

平下

得50分

【象】：山在水面，受霧水蒙蔽，如幼童無知，需要啟蒙教化求智，以正慧聰。

【數】：白露中間日的前及後。南方。陽卦。

【理】：啟蒙受教化，才會亨通。需向智慧者求助啟蒙，求啟蒙要虔誠，意志堅定，不能反覆無常，才會順利得到慧聰及利益。

（圖中直書）第四卦 山水蒙　啟蒙智慧

## 蔡上機易經卦象塔羅圖解

第四卦【山水蒙】，『艮卦』（象山）在上，『坎卦』（象水）在下，相疊「成卦」。山露在水面上，將受水氣朦朧籠罩，看不清楚山的樣貌，就像孩童的智慧還處於心盲智盲，無知的階段。表示，智慧受蒙蔽，需要啟蒙教化，稱為『蒙』卦。

易經塔羅牌，窗外山形樣貌受水氣蒙蔽籠罩，對應學堂教室內，主人物在教導孩童唸書，接受教化啟蒙學智慧，以求慧聰。

## 蔡上機版的周易智慧哲學講述

接受教化啟蒙智慧後，就會因此而得到順利通暢。不能像我去需求於無知的幼童，而是無知的幼童需求於我，意指要往上學習，找對學習的人，不能本末倒置的往下學習。

接受教化學智慧的態度，應像占卦一樣，要一心一意，虛心虔誠，占問一件事情，以第一次為所占的卦為憑準，不能一而再、再而三的反覆占求，當成是好玩或測試，否則就像在輕慢褻瀆占卦的莊重。一但違背（褻瀆）占卦規則，占卦當然就不會準。必需有堅定的決心誠意與意志，才會得到啟蒙慧聰而有用受益。

註：《蒙》覆蓋、承受、愚昧、無知。《亨》通暢順利。《匪》不是。《筮》占卜求卦。《瀆》褻瀆、輕慢。《告》告訴、報告。《利》利益，獲取。《貞》堅定，操守，正道。

| | | | |
|---|---|---|---|
| 艮卦<br>上卦 | 上爻（陽） | ▬▬ | 上九（上爻） |
| | 中爻（陰） | ▬ ▬ | 六五（五爻） |
| | 下爻（陰） | ▬ ▬ | 六四（四爻） |
| 坎卦<br>下卦 | 上爻（陰） | ▬ ▬ | 六三（三爻） |
| | 中爻（陽） | ▬▬ | 九二（二爻） |
| | 下爻（陰） | ▬ ▬ | 初六（初爻） |

## 周易『六十四卦』吉凶禍福～斷解

# 周文王諭令

◆【運氣、願望、機會、交涉】：運氣停滯，困難產生。不明事理，耳目腦筋不夠聰慧，缺乏分析判斷力，將會誤事。事情未明朗化，缺乏機會，煩惱較多些。錯誤的想法、決定或方法，導致不能成功。先考慮好，預見障礙後，再做決定，用智慧去扭轉。

◆【財運、買賣投資】：財運不佳，評估或方向錯誤，有困阻及失財。

◆【商情、資金商借】：錯誤的認知，沒能看清事實。自我感覺又錯誤，商借困難。

◆【事業、開業、求職、考試】：事業方向蒙蔽，盲目而為。設想不夠周全，不宜開業，需再多準備，無法求得理想工作。考試準備不足或自以為是、方向錯誤，導致成績差。

◆【轉行、遷移、旅行】：現況不明確，暫先保持現狀。因準備有失誤而耽誤時間行程，先詳加計畫後，再決定行事。

◆【戀愛、婚姻】：對象瞭解不夠，理想與現實差距太大，需多調查打聽對方的人品家境，以防受騙。戀情求婚，成功機會小。感情間的相處，多有蒙蔽之事。

◆【健康、問壽】：注意沒發現或忽略的症狀，或沒找到病因。重症危急者，誤認自己還能撐或沒事，延誤醫治，恐危生命安危。

◆【糾紛、訴訟】：不明事理鬧糾紛，糊裡糊塗中爭是非。關鍵證詞證據沒能出現，認知不同陷入不利局面。

◆【失物、尋人】：失物因為忘記放置在哪，可能被掩蓋在某個東西下，仔細搜查一番可尋獲。人恐被誘拐而走，須要一些時間才能尋獲。可往南方尋找。

◆【問胎、應期、應位】：男胎。白露中間日的前及後。南方。

## 第五卦

# 水天需

【卦辭】：「需，有孚，光亨貞吉。利涉大川。」

平
得51分

（圖中直幅）第五卦 水天需 ䷄ 等待時機

【象】：天上水氣烏雲密布，等待雨後天晴。眼前時機不對，耐心等待機會出現。

【數】：立夏末到小滿初。西南方。陽卦。

【理】：等待機會時，要秉持堅守誠信，就可通過順利之途，有利渡過難關，亨通吉祥如意。

### 蔡上機易經卦象塔羅圖解

第五卦【水天需】，『坎卦』（象水）在上，『乾卦』（象天）在下，相疊「成卦」。天上水氣，聚結成烏雲，不久即將會下雨，表示眼前時機不對，處於不利狀態，需要等待雨後天晴，時機才是對的有利的，應稍安勿躁而有耐心的等待，稱為『需』卦。

易經塔羅牌，天上凝聚烏雲，有如即將下雨之象，主人物是為老朽，在涼亭裡凝視天象，雖臉色凝重，但老神在在而有耐心的等候著，等著雨後天晴的好時機。

### 蔡上機版的周易智慧哲學講述

等待時機，要講誠信，勿用卑鄙無恥的手段，去達成自己的機會。意指，除了要懂得「等待、耐心」的哲學之外，意志更是不能受動搖。當能夠發揚光大「誠信」兩字，必會受人肯定，又可堅守正道，就會有順利之途，吉祥如意。由此，才能利於渡過一切的難關。

註：《需》等待，不進，時間未到。《孚》信用。《光》發揚光大。《亨》通暢順利。《貞》堅定，操守，正道。《利》利益，順利，有利。《涉》交涉，渡過。《大川》危險江河，冒險，難關。

| | | | |
|---|---|---|---|
| 坎卦 | 上爻（陰） | ▬▬ ▬▬ | 上六（上爻） |
| | 中爻（陽） | ▬▬▬▬ | 九五（五爻） |
| 上卦 | 下爻（陰） | ▬▬ ▬▬ | 六四（四爻） |
| 乾卦 | 上爻（陽） | ▬▬▬▬ | 九三（三爻） |
| | 中爻（陽） | ▬▬▬▬ | 九二（二爻） |
| 下卦 | 下爻（陽） | ▬▬▬▬ | 初九（初爻） |

## 周易『六十四卦』吉凶禍福～斷解

# 周文王諭令

◆【運氣、願望、機會、交涉】：時機未到，忍耐等待時機，不要急進，輕舉妄動，否則將敗。目前機會不佳，凡事無法馬上達成。先拖著，等摸清楚對方的底細，再行交涉，以免失利。

◆【財運、買賣投資】：財運未到，先保守為上。合夥關係，恐遭失敗。短期間都不會獲利，要有長期投資或經營的準備。

◆【商情、資金商借】：現況不良，好時機未到，再等等。一時間，商借不到資金。

◆【事業、開業、求職、考試】：事業發展，不得其時，計畫要放緩。無法馬上找到好工作，要耐心再等。成績不如意，需再次努力。

◆【轉行、遷移、旅行】：目前不宜，暫時勿動，過些時日較佳。會不順利，不宜起程，需再延期，較能順利。

◆【戀愛、婚姻】：好對象戀情，還未到來。再多觀察對方，評估其企圖心，以免受騙。時機未成熟，瞭解不夠，婚事且慢。感情互動，需諸多磨合。

◆【健康、問壽】：目前狀況不佳，病情還無法轉好，需要再診治一些時日。重症危急者，要有辦法再拖過一段時間，才能脫離生死關卡。

◆【糾紛、訴訟】：糾紛難解，糾纏中，需要時間來解決。眼前訴訟不利，拖時間才能等翻轉。

◆【失物、尋人】：失物暫時無法尋回，人物不易找到，需花費一段時間後，才有希望找回，可往西南方尋找。

◆【問胎、應期、應位】：男胎。立夏末到小滿初。西南方。

# 第六卦

## 天水訟

【卦辭】：「訟，有孚，室，惕，中吉，終凶。利見大人，不利涉大川。」

中凶
得30分

第六卦 天水訟 ䷅ 是非爭訟

【象】：天下雨水，行人匆忙，急忙易錯亂，糾紛爭訟因此而生。

【數】：立秋日到立秋初。南方。陽卦。

【理】：爭訟是非，要用道理，低調不張揚，謹慎小心，不走極端才會吉祥，時間拉長，不會有好處。找影響力的人物，出面調解最有利，若一意孤行冒險，就會危險不利。

## 蔡上機易經卦象塔羅圖解

第六卦【天水訟】，『乾卦』（象天）在上，『坎卦』（象水）在下，相疊「成卦」。天正下著雨，路上眾人急忙，盲目亂竄，容易出錯，發生意外，起糾紛，引發控訴，稱為『訟』卦。

易經塔羅牌，雨下路人，因為雨天急忙，盲目而行，發生衝突糾紛，必需找主人物衙門補快，前來處理爭端，訴訟之事。

## 蔡上機版的周易智慧哲學講述

解決打官司爭訟或爭辯是非曲直，要講道理，把誠心擺出來，實事求是、就事論事、以法論法，才有可能和平。不宜四處張揚，言行要低調冷靜謹慎小心，不要走極端行徑，才會吉祥平安。興訟爭紛速戰速決才好，時間拖長，處在身心俱疲壓力的興訟生活，所付出的時間及過程都是成本，終究不會有好處。如能找有影響力的關鍵人物，出面調解爭訟，平息糾紛，是最有利的。如一意孤行蠻幹到底，會付出更高的成本與代價，是不智之舉的冒險行為，就會相當不利。

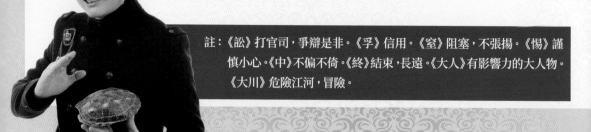

註：《訟》打官司，爭辯是非。《孚》信用。《室》阻塞，不張揚。《惕》謹慎小心。《中》不偏不倚。《終》結束，長遠。《大人》有影響力的大人物。《大川》危險江河，冒險。

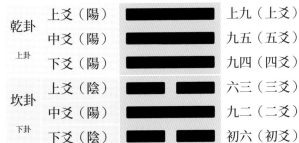

| 乾卦 上卦 | 上爻（陽） | | 上九（上爻） |
| --- | --- | --- | --- |
| | 中爻（陽） | | 九五（五爻） |
| | 下爻（陽） | | 九四（四爻） |
| 坎卦 下卦 | 上爻（陰） | | 六三（三爻） |
| | 中爻（陽） | | 九二（二爻） |
| | 下爻（陰） | | 初六（初爻） |

## 周易『六十四卦』吉凶禍福～斷解

# 周文王諭令

◆ 【運氣、願望、機會、交涉】：不如意，事不成功，沒有機會，情況變壞，失敗收場。會有爭執興訟或官司，不可急進，冷靜面對。

◆ 【財運、買賣投資】：有金錢的損害或糾紛爭執發生，或發生金錢訴訟，或因訴訟糾紛而破財。

◆ 【商情、資金商借】：相當混亂，處於糾紛狀態，隨時沾上官司。資金不靈，商借無門。

◆ 【事業、開業、求職、考試】：職場會有糾紛，或官司的麻煩。不宜展業擴業，不會成功。成績會很差。

◆ 【轉行、遷移、旅行】：轉行不利，異動更糟。途中會發生糾紛，最好能取消。

◆ 【戀愛、婚姻】：戀愛求婚不會成功，交往或成婚也不會有好結果。感情變壞起糾紛，已經處在鬧婚變者，會鬧官司。

◆ 【健康、問壽】：與健康爭鬥，會纏病一段時間，狀況不利。重症危急者，恐逐漸在危害生命。

◆ 【糾紛、訴訟】：難分難解，狀況相當不利，敗訟機會大。

◆ 【失物、尋人】：失物落入他手被佔有，不易找回。人因爭執而出走，小心發生危險，不易尋找。可往南方一帶尋找。

◆ 【問胎、應期、應位】：男胎。立秋日到立秋初。南方。

# 第七卦

## 地水師

【卦辭】：「師貞，丈人，吉，無咎。」

◄ 中凶 ►

得25分

第七卦地水師 ䷆ 出師用兵

【象】：地下有水源，乃肥沃綠地，是兵家必爭之地，出師論戰。

【數】：白露末到秋分日。北方。陽卦。

【理】：征戰要出師有名，堅守正道，要有受人尊敬的良將領軍用兵，征戰才會吉祥，沒有災禍。

### 蔡上機易經卦象塔羅圖解

第七卦【地水師】，『坤卦』（象地）在上，『坎卦』（象水）在下，相疊「成卦」。地下有水份，乃河源肥沃綠洲之地，眾人搶著要，乃兵家必爭之地，為了爭地搶地盤，必然兵戎相見，出師論戰，互相廝殺，稱為『師』卦。

易經塔羅牌，一片的大草原，還有河流，是塊富庶肥沃綠洲寶地，兩軍在此即將交戰，為了利益，強奪本地，出兵征戰，展開激烈的廝殺。

### 蔡上機版的周易智慧哲學講述

如進行征戰，只要出師有名，有立場，就站得住腳。堅守正道正義，並非胡做非為、狼子野心、貪婪之慾的土匪。又有受人尊敬的將帥領導人，率兵統將，良將領軍用兵，有德行可讓軍心人心歸附，這場征戰，就會吉祥成功，不會有災害。

註：《師》軍隊、出師。《貞》堅定，操守，正道。《丈》老年男子，尊長的敬稱。《咎》過失、災禍。

| 坤卦上卦 | 上爻（陰） | 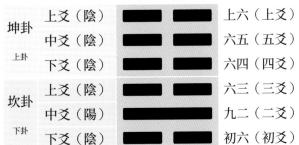 | 上六（上爻） |
|---|---|---|---|
| | 中爻（陰） | | 六五（五爻） |
| | 下爻（陰） | | 六四（四爻） |
| 坎卦下卦 | 上爻（陰） | | 六三（三爻） |
| | 中爻（陽） | | 九二（二爻） |
| | 下爻（陰） | | 初六（初爻） |

## 周易『六十四卦』吉凶禍福～斷解

# 周文王諭令

◆【運氣、願望、機會、交涉】：處於競爭搶奪的征戰中，事事多難，隨時被掠奪，成功者也會付出極大代價。

◆【財運、買賣投資】：利益搶食中，付出巨大代價，有血本無歸的風險。投資標的利益大，但眾人搶食掠奪，不容易得利，除非有絕對優勢條件。

◆【商情、資金商借】：激烈競爭搶奪中，有實力才會勝出。沒財力實力，借不到錢。

◆【事業、開業、求職、考試】：職場競爭，為了權力利益廝殺。產業多競爭，不宜開業。如非被挖角，求職沒望。競爭對手多，成績落後。

◆【轉行、遷移、旅行】：去處不是好位置，轉行異動不妥。容意發生意外危險，小心謹慎。

◆【戀愛、婚姻】：第三者的競爭，自己如非高條件，絕對落空。情感問題多，小心分裂。

◆【健康、問壽】：和健康搏鬥，受疾厄折磨。重症危急者，進入與死神搏鬥的階段，沒好轉，就會結束生命。

◆【糾紛、訴訟】：激烈的糾紛，拼你死我活。遇強勁對手，面臨大風險，沒把握必被殲滅。

◆【失物、尋人】：失物被盜賊強行取走了，難找回。人物因為衝突而離家出走，如沒盡快找回，會有禍事危險，可往北尋找。

◆【問胎、應期、應位】：男胎。白露末到秋分日。北方。

# 第八卦

## 水地比

【卦辭】：「比，吉。原筮，元永貞，無咎。不寧方來，後夫凶。」

◀上吉▶

得90分

第八卦水地比 相親相輔

【象】：水滲入於地下，水乳交融，相親相輔，如膠如漆，比翼雙飛。

【數】：小雪末到大雪初。西南方。陰卦。

【理】：與人相輔並結是吉祥。交往的根本是誠信，才能相輔，永遠堅守信條，不會有禍害。因不安寧和人交好，非真心，有後患。

## 蔡上機易經卦象塔羅圖解

第八卦【水地比】，『坎卦』（象水）在上，『坤卦』（象地）在下，相疊「成卦」。水在土地上，必滲入土裡，被地面吸收，兩者比和的相混結合在一起，水乳交融，相親相輔，如膠似漆，就像比翼雙飛，稱為『比』卦。

易經塔羅牌，露水滲入泥地，主人物在春花盛開、綠草如茵、詩意盎然的大地，相親相愛、相輔相撫。旁景有兩株盛開粉紅色花朵的樹幹枝，連理交會在一起，天上還有比翼鳥，在交喙接吻，在天如比翼鳥，在地如連理枝。

## 蔡上機版的周易智慧哲學講述

與人的關係，都能夠有如相親相輔的關係，是最親善和諧的，吉祥平安。就像我們的在求神問卦時，內心是本著虔誠的態度，永遠堅守著這個根本和正道的心態，人的交往關係，才會純正，就不會有災禍。如果是因為不安寧、利害得失之事，別有用心，才帶著假面具去與人交好，彼此最後的關係，一定會交惡，帶來後害，就像遇到壞男人一樣，後害無窮。

註：《比》並列，親密。《原》最初，開始，本來。《筮》占卜。《元》開始，首，主要，根本。《貞》堅定，操守，正道。《咎》過失、災禍。《夫》成年男子。

| | | | | |
|---|---|---|---|---|
| 坎卦 | 上爻（陰） | ▬▬ ▬▬ | 上六（上爻） | |
| | 中爻（陽） | ▬▬▬▬▬ | 九五（五爻） | |
| 上卦 | 下爻（陰） | ▬▬ ▬▬ | 六四（四爻） | |
| 坤卦 | 上爻（陰） | ▬▬ ▬▬ | 六三（三爻） | |
| | 中爻（陰） | ▬▬ ▬▬ | 六二（二爻） | |
| 下卦 | 下爻（陰） | ▬▬ ▬▬ | 初六（初爻） | |

## 周易『六十四卦』吉凶禍福～斷解

# 周文王諭令

◆【運氣、願望、機會、交涉】：殷勤熱絡，會吉祥順遂如意，機會大好，貴人相助，理想達成。配合度高，可以得到回饋，一定有好結果，交涉成功成事。

◆【財運、買賣投資】：財運大好，左右逢源。投資獲利良多，眉開眼笑。

◆【商情、資金商借】：情況大好，稱心如意，如魚得水。資金可以全數受到支援到位。

◆【事業、開業、求職、考試】：順心如意，貴人扶持，展業成功，前途看好，成績優良滿意。

◆【轉行、遷移、旅行】：順利成功，可獲徵詢挖掘。異動歡喜吉祥，出行開心。

◆【戀愛、婚姻】：戀情會成功，有情投意合的好對象，求婚可成。感情水乳交融，如膠如漆。

◆【健康、問壽】：病況轉好，很快可以恢復。重症危急者，可以度過生命關卡。

◆【糾紛、訴訟】：可得和解，化干戈為玉帛，圓滿解決，皆大歡喜。

◆【失物、尋人】：失物會找回，尋人不用擔心，當事者自然會回家。可往西南方的低窪處或水邊尋找。

◆【問胎、應期、應位】：女胎。小雪末到大雪初。西南方。

# 第九卦

## 風天小畜

【卦辭】：「小畜，亨。密雲不雨，自我西郊。」

◄ 小吉 ►

得61分

第九卦 風天小畜 ☰☰ 積蓄微薄

【象】：天上風雲起，變天在即，未能等待大成，僅能趕緊收割，入袋為安，也是小利。

【數】：小滿初到小滿中間日。東南方。陽卦。

【理】：一點一滴積蓄實力，才能創造將來的亨通。如積蓄實力不足，只能屈身自地，難成大事而王天下。

## 蔡上機易經卦象塔羅圖解

第九卦【風天小畜】，『巽卦』（象風）在上，『乾卦』（象天）在下，相疊「成卦」。風在天上快速流動，烏雲聚集，累積下雨的能量。眼前利益，雖離大豐收還尚遠，但天將不測，縱使是小利微薄，也要趕緊收成，入袋為安，稱為『小畜』卦。

易經塔羅牌，天上烏雲聚集，變天在即，雖然稻米還沒曬成，主人物也要搶在下雨前，趕緊把稻穀收入糧倉，以免大雨來時，全被淋濕損失。未來風險大，眼前小利如不收，未來全數受遭殃。無法大成，只好一點一滴的求積蓄。

## 蔡上機版的周易智慧哲學講述

雖然無法大成，但要懂得即時即刻，一點一滴的積蓄聚集實力，才能為創造將來的順利之途，做基礎準備。積蓄的實力不足，難成大事，就像密雲不雨，雨下不來，等於沒作為可以恩澤天下，就像西伯侯姬昌感嘆己大志難申，只能在自我封地治理，無機會施政天下。意指，沒有大作為的機會，也勿忘隨時累積小作為，是爾後大作為的基石。

註：《小畜》一點點的積蓄。《亨》通暢順利。《西郊》西伯侯「姬昌」〈周文王〉的封地領土。

| | | | |
|---|---|---|---|
| 巽卦<br>上卦 | 上爻（陽） | ▅▅▅▅ | 上九（上爻） |
| | 中爻（陽） | ▅▅▅▅ | 九五（五爻） |
| | 下爻（陰） | ▅▅ ▅▅ | 六四（四爻） |
| 乾卦<br>下卦 | 上爻（陽） | ▅▅▅▅ | 九三（三爻） |
| | 中爻（陽） | ▅▅▅▅ | 九二（二爻） |
| | 下爻（陽） | ▅▅▅▅ | 初九（初爻） |

## 周易『六十四卦』吉凶禍福～斷解

# 周文王諭令

◆【運氣、願望、機會、交涉】：未來有障礙，眼前機會，趕緊事成，但只得小利。如還在企圖夢想等著，更好更大的利益，連眼前小利都會喪失。

◆【財運、買賣投資】：情況緊急，只能獲得微薄小利。大投資、長期投資，暫且不宜，以免失利。

◆【商情、資金商借】：商情危急，速戰速決，入袋為安。周轉不到大資金，資金微薄有機會，但稍縱即失。

◆【事業、開業、求職、考試】：眼前如沒看管好，未來將有困難禍害，不宜展業擴業。只得小職缺，難成大位，成績有點差強人意。

◆【轉行、遷移、旅行】：不吉利，暫時先不要異動。未來恐怕有問題，能取消最好。

◆【戀愛、婚姻】：對象條件不夠好，戀情不易成功，婚事還未成熟，不要勉強。感情關係，不久後會出現障礙，趁現在趕緊好好維繫。

◆【健康、問壽】：即將不良，如不休養，將會出病。重症危急者，現況還好，如沒好好維繫，將會嚴重惡化。

◆【糾紛、訴訟】：即將發生糾紛，已有不利跡象，現在處理，還來得及，慢則糾紛起官司來。

◆【失物、尋人】：失物一時情急落在某處，短期如沒找回，爾後將不易找出。人物因預期不利而出走，可能不願意回來，可往東南方找找看。

◆【問胎、應期、應位】：男胎。小滿初到小滿中間日。東南方。

## 第十卦

# 天澤履

【卦辭】：「履虎尾，不咥人，亨。」

中凶

### 得30分

【象】：晴天澤下引人好戲水，快樂卻不知危險隱
　　　在其中，危險步履，步步危機。

【數】：穀雨未到立夏日。東北方。陰卦。

【理】：採取行動，接近危險，態度不嬉笑者，才
　　　能亨通。

### 蔡上機易經卦象塔羅圖解

　　第十卦【天澤履】，『乾卦』（象天）在上，『兌卦』（象澤）在下，相疊「成卦」。大好天氣，晴天的水澤下，是最引人戲水的情景，盡情在快樂的戲水中，卻忘了環境是否有危險，水澤環境潛藏著危險猛獸，每一個腳步都是看不到的風險，危險的步履，步步危機，稱為『履』卦。

　　易經塔羅牌，晴天的水澤，引來主人物開心的戲水，卻不知一旁的鱷魚準備要突襲，一旁的山林裡，老虎亦來到水澤邊，正準備吞噬戲水的主人物，情境正處於危險中。

### 蔡上機版的周易智慧哲學講述

　　在採取行動的時候，所走的每一個腳步，要懂得居安思危，評估預見有否風險危機的潛在。當在接近危險的時候，就像是踩到老虎的尾巴，隨時會被老虎吞噬，是要戰戰兢兢、步步為營，不能有嬉鬧的態度，以防範危險的發生。有這個態度，才能預見危險，避開危險，而順利通達。

註：《履》踩踏。《咥》哈哈大笑。《亨》通暢順利。

| 乾卦 上卦 | 上爻（陽） | ████████ | 上九（上爻） |
|---|---|---|---|
| | 中爻（陽） | ████████ | 九五（五爻） |
| | 下爻（陽） | ████████ | 九四（四爻） |
| 兌卦 下卦 | 上爻（陰） | ███  ███ | 六三（三爻） |
| | 中爻（陽） | ████████ | 九二（二爻） |
| | 下爻（陽） | ████████ | 初九（初爻） |

## 周易『六十四卦』吉凶禍福～斷解

# 周文王諭令

◆【運氣、願望、機會、交涉】：處在危難困境中，前進不利，退守為上，做事不會成功，要謹慎小心，不要冒險，否則會有不測。

◆【財運、買賣投資】：背後大有風險，金錢流失，利益損害。投資難回，血本無歸。

◆【商情、資金商借】：危險緊急，快快撤離。借不到資金，還會被欺負，或落井下石。

◆【事業、開業、求職、考試】：處在曝險的狀態，一不小心就會出事，經營困難。求職碰壁，不然就是有極度風險的工作。自我感覺良好，結果成績不良。

◆【轉行、遷移、旅行】：不佳有危險，此去恐有意外，會有困難災禍的發生。

◆【戀愛、婚姻】：戀情潛藏危機，成婚不利，感情將出現挫折危機，恐會受到危險，小心接近恐怖情人。

◆【健康、問壽】：不知健康已經有風險，趕緊健康檢查。重症危急者，即將近進入生命的危險期，趕緊有所措施。

◆【糾紛、訴訟】：不知糾紛將起，對自己非常不利。自我感覺樂觀，其實非常不利。

◆【失物、尋人】：失物大意遺失，可能被佔有，恐難以尋回，除非遺失在家中。人物出行發生危險事故，必須盡速找回，否則有不測，可往東北方去尋找。

◆【問胎、應期、應位】：女胎。穀雨末到立夏日。東北方。

# 第十一卦

## 地天泰

【卦辭】：「泰，小往大來，吉亨。」

〈上上吉〉
得91分

第十一卦地天泰 安泰穩固

【象】：地高大於天上，表示巨山，安穩如泰，牢靠堅固。

【數】：立夏日到立夏初，西南方，陽卦。

【理】：當成就實力巨大，且安穩如泰，牢靠堅固時，施以小惠，可換來大利，吉祥亨通。

### 蔡上機易經卦象塔羅圖解

第十一卦【地天泰】，『坤卦』（象地）在上，『乾卦』（象天）在下，相疊「成卦」。地很高，高上天，必然是座巨大的山，龍盤虎踞，固若金湯，穩如泰山，屹立不搖，稱為『泰』卦。

易經塔羅牌，地高上天，一座巨山，安穩矗立在雲海上，氣勢雄偉，安泰穩固。就像昔日上古時代，五帝的軒轅氏黃帝，逐鹿大敗蚩尤，統一中原，登上泰山之巔舉行封禪儀式，受各部落領袖共推為君主，統領天下江山，穩坐帝王之位。主人物持寶劍在山頂之巔，頂天立地，瞭望天際，安穩如泰。

### 蔡上機版的周易智慧哲學講述

在平安通達寬裕，事業巨大的時候，前途一但大大開通，做任何事善用槓桿操作，往往只要小小的投資，都可以回收換回巨大的利益。身為領袖大老闆企業家，要懂得善待為你打拼事業的眾員工，他們就像你腳底下的山，把你撐上來，給你站立住。只要你能對他們施以小惠，他們就會為你賣命付出，你將會得到更多更大，你的事業會更旺盛發達亨通。這就是小小的付出，就會有豐盛的回收。

註：《泰》平安、通達、寬裕，穩固。《往》去。《來》往的相對，招來。《亨》通暢順利。

| 坤卦 上卦 | 上爻（陰） | ▆▆ ▆▆ | 上六（上爻） |
|---|---|---|---|
| | 中爻（陰） | ▆▆ ▆▆ | 六五（五爻） |
| | 下爻（陰） | ▆▆ ▆▆ | 六四（四爻） |
| 乾卦 下卦 | 上爻（陽） | ▆▆▆▆ | 九三（三爻） |
| | 中爻（陽） | ▆▆▆▆ | 九二（二爻） |
| | 下爻（陽） | ▆▆▆▆ | 初九（初爻） |

## 周易『六十四卦』吉凶禍福～斷解

# 周文王諭令

◆【運氣、願望、機會、交涉】：機會大好，喜事臨頭，萬事皆吉，順利達成，事事繁榮，會有成果。放點小利出去，會回收更多。

◆【財運、買賣投資】：非常理想，有利可圖，大發利市。小小投資，即可得到更大更多的獲利。

◆【商情、資金商借】：環境大好，趕緊作為，會有很好的利益。只要施以小惠，即可商借到鉅額。

◆【事業、開業、求職、考試】：吉利順利如意，適合展業擴業，大有發展。職場安定順遂，更上一層樓。成績大好，名列前茅。

◆【轉行、遷移、旅行】：佳吉，發展發達。一路平安順利，開心愉快。

◆【戀愛、婚姻】：戀情婚事可成，情投意合，兩情相悅。感情關係，順利和合，幸福圓滿。

◆【健康、問壽】：健康平安，有病得穩定，可順遂。重症危急者，曙光乍現，脫離險境。

◆【糾紛、訴訟】：糾紛可以平息，平安順利。訴訟有利，可以獲勝。

◆【失物、尋人】：失物藏在某個東西的裡面，不久後可找到。尋人平安，不久後將可找到或自動返回，可往西南方去尋找。

◆【問胎、應期、應位】：男胎。立夏日到立夏初，西南方。

# 第十二卦

## 天地否

【卦辭】：「否之匪人，不利君子貞，大往小來。」

小凶

得35分

【象】：天地遙遠拉開，好運遠去疏離阻塞，事否難通。

【數】：立冬日到立冬初，西北方，陰卦。

【理】：奸佞當道，小人得勢，有為正派者，有志難伸，失大得少，大事難為，屈身小事。

### 蔡上機易經卦象塔羅圖解

第十二卦【天地否】，『乾卦』（象天）在上，『坤卦』（象地）在下，相疊「成卦」。天地距離遙遠的拉開，沒有交集，好運遠去，機會已失，一切疏離，運氣受到阻塞，事否難通，稱為『否』卦。

易經塔羅牌，天地之間，距離非常遙遠，主人物衣衫不整，頹廢的蹲在荒漠大地，表示環境困難，氣勢頹喪，好運受阻，沒有生氣，在閉塞不如意的處境中。反射，運氣受到阻塞，事否難通。

### 蔡上機版的周易智慧哲學講述

前途閉塞不通，得不到發展的時候，如果因為是奸佞當道、小人得勢、行事不正，所害的後果。那麼對於道德高尚、堅守正道的人，是非常不利。這時候在志向上，無論做任何事，總是失去損失的多，無法有機會大有作為、展示才幹的，而表現得到的少，只能做點小事。如果，直言或試圖有所作為，不但無濟於事之外，且必遭整肅陷害，只會自取滅亡。所以，暫時先屈身在自己可作為又安全的小事上，力行志向，等待及圖謀機會。

註：《否》閉塞不通。《匪》不是。《君子》道德高尚者。《貞》堅定，操守，正道。

| | | |
|---|---|---|
| 乾卦 | 上爻（陽） ▅▅▅ | 上九（上爻） |
| | 中爻（陽） ▅▅▅ | 九五（五爻） |
| 上卦 | 下爻（陽） ▅▅▅ | 九四（四爻） |
| 坤卦 | 上爻（陰） ▅▅ ▅▅ | 六三（三爻） |
| | 中爻（陰） ▅▅ ▅▅ | 六二（二爻） |
| 下卦 | 下爻（陰） ▅▅ ▅▅ | 初六（初爻） |

## 周易『六十四卦』吉凶禍福～斷解

# 周文王諭令

◆【運氣、願望、機會、交涉】：奸佞當道、小人得勢加害，謹慎提防。事不如意，機會苦短，困難多多，經常碰壁，不能成功，會破裂。凡事退後一步想，可風平浪靜，勿悲觀，以待好時運。

◆【財運、買賣投資】：不佳失利，遭逢陷害，蒙受損害。

◆【商情、資金商借】：小人當道把持，環境很艱難，非常不利。遭逢作梗破壞，無法集借資金。

◆【事業、開業、求職、考試】：不吉利，黨派鬥爭，小人得勢，沒有發展空間，開業失敗，謀職難成，成績很不理想。

◆【轉行、遷移、旅行】：不得時機，沒有好舞台，困難阻逆多，再等待。旅行不利，計畫最好取消。

◆【戀愛、婚姻】：戀情求婚難成，好事多磨，會被破壞，或會被拒絕，不能成功，相處關係無法融合溝通。

◆【健康、問壽】：健康不理想，求醫受累。重症危急者，受人所誤，面臨危險。

◆【糾紛、訴訟】：受人欺壓，麻煩事多，難以反擊。遭逢陷害，訴訟不利，恐會受害。

◆【失物、尋人】：失物找不到，被人拿走。人物因失和離家出走，有輕生念頭或已去向不明。可往西北方找尋。

◆【問胎、應期、應位】：女胎。立冬日到立冬初。西北方。

# 第十三卦

## 天火同人

【卦辭】：「同人于野，亨。利涉大川，利君子貞。」

**上吉**

**得81分**

第十三卦 天火同人 分工合作

【象】：晴天下眾人升火共炊，同心協力，分工合作，團結一致，共享成果。

【數】：驚蟄末到春分日，南方，陰卦。

【理】：要對外與眾人合作共事，才會亨通。有利克服渡涉艱難，這有利的力量，必須建設在道德高尚者及正道上。

### 蔡上機易經卦象塔羅圖解

第十三卦【天火同人】，『乾卦』（象天）在上，『離卦』（象火）在下，相疊「成卦」。大晴天底下，眾人同心協力，升起火來，分工合作，共同烤食，團結一致的行為，一起來共享這成果，稱為『同人』卦。

易經塔羅牌，晴天之下，許多人物，一起烤食。眾人分工合作，有的劈柴、有的生火添柴、有的吹風助燃、有的負責烤食，同心協力，團結一致，營造合作的共同成果，一起享食。

### 蔡上機版的周易智慧哲學講述

在外與眾人合作共事，與大眾關係密切，得大眾的擁護支持，才能把利益做大，就會通達順利，這就是「眾人」與「合作」的力量。此來，而能有利於克服像渡涉大江河那般的凶險艱難，創造許多的成果，但動機必須純正。所以，這個有利力量，是需要建立在，有高尚的道德，及堅守正道的人。

註：《同人》一起合作共事。《野》田野、郊外，民間。《亨》通暢順利。《利》利益，獲取。《大川》危險江河，冒險。《貞》堅定，操守，正道。

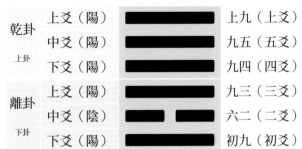

| 乾卦 上卦 | 上爻（陽） | | 上九（上爻） |
|---|---|---|---|
| | 中爻（陽） | | 九五（五爻） |
| | 下爻（陽） | | 九四（四爻） |
| 離卦 下卦 | 上爻（陽） | | 九三（三爻） |
| | 中爻（陰） | | 六二（二爻） |
| | 下爻（陽） | | 初九（初爻） |

## 周易『六十四卦』吉凶禍福～斷解

# 周文王諭令

◆【運氣、願望、機會、交涉】：廣結善緣，與人合作共同經營，會有貴人相助，可以成功，順利如意，創造好結果。

◆【財運、買賣投資】：合夥合作，貴人相助，共創財運，同享利益。

◆【商情、資金商借】：會有合作伙伴，共創利益。合作資金，順利到位。

◆【事業、開業、求職、考試】：合作結盟，順利吉利，能成好事。貴人提拔相助，得到好職位。考試有人協助，共同伴讀，成績佳。

◆【轉行、遷移、旅行】：受人歡迎，順利吉利。一路順利平安，有良朋相伴。

◆【戀愛、婚姻】：經人介紹機會多，戀情一拍即合，婚事水到渠成，必能成功，感情關係倆相思，互相牽伴在一起。

◆【健康、問壽】：得人關心照料，很快可以復原。重症危急者，可得眾人之力，起死回生。

◆【糾紛、訴訟】：糾紛可以平息，握手言和。訴訟得人相助，取得勝算。

◆【失物、尋人】：失物可以很快找回，尋人不久後會自己回來，或者知道去處及下落，可往南方找尋。

◆【問胎、應期、應位】：女胎。驚蟄末到春分日。南方。

## 第十四卦

### 火天大有

【卦辭】：「大有，元亨。」

◆上上吉◆
得95分

第十四卦火天大有 ䷍ 如日中天

【象】：太陽高掛，如日中天，大有作為，盛世當頭，物極防衰。

【數】：小滿末到芒種初，西北方，陽卦。

【理】：有了大成就，又能固守根本，將會更亨通。

### 蔡上機易經卦象塔羅圖解

第十四卦【火天大有】，『離卦』（象火）在上，『乾卦』（象天）在下，相疊「成卦」。太陽高掛在天上，正午時分，如日中天，氣勢強盛，是大有作為的盛世時期，稱為『大有』卦。雖然鴻運當頭，物極防衰，要懂得韜光養晦，以免衰敗。

易經塔羅牌，太陽高掛在天的正中，是正午時分，盛事當頭，主人物統領三軍，兵強馬壯，受眾擁戴歡呼喝采，登高一呼，是大有作為之時。

### 蔡上機版的周易智慧哲學講述

當有了大成就，又能固守根本，守住根基，飲水思源，毋忘根本。並與你共同打拼的人，站在一起，照顧他們，得到民心擁戴，為你出生入死。你的事業，將會更順利通達。

註：《大有》有了大成就。《元》開始，首，主要，根本。《亨》通暢順利。

| 離卦 | 上爻（陽） | ▬▬▬▬▬ | 上九（上爻） |
|------|-----------|---------|-------------|
| 上卦 | 中爻（陰） | ▬▬　▬▬ | 六五（五爻） |
|      | 下爻（陽） | ▬▬▬▬▬ | 九四（四爻） |
| 乾卦 | 上爻（陽） | ▬▬▬▬▬ | 九三（三爻） |
| 下卦 | 中爻（陽） | ▬▬▬▬▬ | 九二（二爻） |
|      | 下爻（陽） | ▬▬▬▬▬ | 初九（初爻） |

## 周易『六十四卦』吉凶禍福～斷解

# 周文王諭令

◆【運氣、願望、機會、交涉】：好運到達頂點，大吉大利，順利如意，無往不利，大有為、大成功。但小心得勢時，高傲蠻橫而盛極反衰。

◆【財運、買賣投資】：財運大有所為，大發財運，投資大有獲利。

◆【商情、資金商借】：市道旺盛，全盛時期，好豐收。資金一湧而來，非常充裕。

◆【事業、開業、求職、考試】：職場大有作為，大展宏圖，位高權重。展業擴業，大成功。成績佳，名列前茅。

◆【轉行、遷移、旅行】：順利吉利，有所作為。出行吉利，如意滿意。

◆【戀愛、婚姻】：熱門人物，矚目焦點，眾人仰慕包圍，戀情求婚立即成功，與富家聯姻。感情關係旺到頂點，姿態高傲、行為蠻橫，會導致反彈。

◆【健康、問壽】：健康轉為強健，重症危急者，立即得到救援，挽回生命。

◆【糾紛、訴訟】：氣勢當旺，壓制紛爭，取得優勢，訴訟大獲全勝。

◆【失物、尋人】：失物可馬上找回，人物有遠走高飛，並處活躍狀態，可往西北方尋找。

◆【問胎、應期、應位】：男胎。小滿末到芒種初。西北方。

# 第十五卦

## 地山謙

【卦辭】：「謙，亨，君子有終。」

小吉
得70分

第十五卦 地山謙 謙遜謹慎

【象】：高山上的平地，如滿穗彎腰，謹慎謙虛禮讓，人和亨通。

【數】：霜降末到立冬日，西方，陽卦。

【理】：謙虛才會順利通達，正派道德高尚的人，始終皆是如此。

### 蔡上機易經卦象塔羅圖解

第十五卦【地山謙】，『坤卦』（象地）在上，『艮卦』（象山）在下，相疊「成卦」。高山上有平地，是山高的謙虛，如滿穗的稻子，因重力彎腰垂下，猶如謙虛禮讓謹慎的行為，使人和亨通，稱為『謙』卦。

易經塔羅牌，高山上有平地，意表山的謙虛，平地種滿稻子，因為滿穗重力彎腰垂下，呼應高山上有平地的謙虛。主人物取水，微彎身段，小心謹慎的施灑稻穗，再次呼應身段柔軟謙虛的表彰。

### 蔡上機版的周易智慧哲學講述

謙虛不自滿，又能虛心的向人學習請教，並可以接受批評的人，與人為和，不與人為敵。這樣的人，因為學習更多的智慧與經驗，政通人和。其可塑性非常之高，態度決定深度，胸懷決定格局，人生一定可以順利通達。一個正派道德高尚的人，始終皆是如此。也因為謙遜，而可以使人善終，得到圓滿的結果。

註：《謙》謙虛、謙遜。《亨》通暢順利。《君子》道德高尚的人。《終》最後。

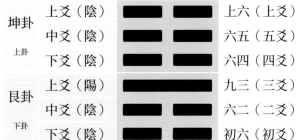

| 坤卦 上卦 | 上爻（陰） | ▬▬ ▬▬ | 上六（上爻） |
|---|---|---|---|
| | 中爻（陰） | ▬▬ ▬▬ | 六五（五爻） |
| | 下爻（陰） | ▬▬ ▬▬ | 六四（四爻） |
| 艮卦 下卦 | 上爻（陽） | ▬▬▬▬ | 九三（三爻） |
| | 中爻（陰） | ▬▬ ▬▬ | 六二（二爻） |
| | 下爻（陰） | ▬▬ ▬▬ | 初六（初爻） |

## 周易『六十四卦』吉凶禍福～斷解

# 周文王諭令

◆【運氣、願望、機會、交涉】：謙虛禮讓，誠懇待人，與人為和，不樹對敵，就會有好機會，順心如意，達成目標，成功圓滿。

◆【財運、買賣投資】：通人和，不怕吃虧，服務好態度佳，就會有大好財運。

◆【商情、資金商借】：與人為和，誠意十足，貴人相扶，圓滿成功，資金可受援助。

◆【事業、開業、求職、考試】：以退為進，大吉大利。試吃或大方送，品質服務做好，就會門庭若市。求職謙遜有禮，會如願以償。虛心向學，成績佳。

◆【轉行、遷移、旅行】：用誠意且勿匆促，將可如意。以和為貴，一路平安。

◆【戀愛、婚姻】：有喜兆頭，行為低調謙虛，可得賞識，受到青睞，求婚可成。感情關係，幸福美滿。

◆【健康、問壽】：心靈祥和，沒有怨憎，疾病速好。重症危急者，放開胸懷，可以化解危機。

◆【糾紛、訴訟】：誠意當前，握手言和，平息紛爭，訴訟得以和解。

◆【失物、尋人】：失物會找到，尋人不久後將會自動回家，不用擔心。可往西方尋找。

◆【問胎、應期、應位】：男胎。霜降末到立冬日。西方。

# 第十六卦

## 雷地豫

【卦辭】：「豫，利建侯行師。」

◆中吉◆
得71分

第十六卦雷地豫　安樂時光

【象】：春雷一響，大地回春，萬象更新，生機開
　　　始，歡喜時光到來。

【數】：小雪初到小雪中間日，東方，陰卦。

【理】：安樂的時候，有利建立公侯的基業與領兵
　　　出征。

## 蔡上機易經卦象塔羅圖解

　　第十六卦【雷地豫】，『震卦』（象雷）在上，『坤卦』（象地）在下，相疊「成卦」。雷打在大地，春雷一響，大地回春，萬象更新，百花齊放，冬眠的生物蟲子甦醒，萬物生命重新開始活動，生機無限，是最快樂的時光，稱為『豫』卦。

　　易經塔羅牌，春天的雷一響，打在大地，春雷一響，大地回春，萬象更新，把冬眠的生物蟲子叫醒來，蟲子從地底下鑽出，蝴蝶飛翔，百花齊放，意會大地的生命，重新展開活動。呼應主人物也剛睡醒，伸伸懶腰，精神飽滿，心曠神怡，神清氣爽，意表開心快樂的時光。

## 蔡上機版的周易智慧哲學講述

　　在安居樂業、安逸歡樂、好時光的時候，也是國家或事業，最興盛兵強馬壯的時候，千萬不要貪圖沉溺安逸享樂之中，而不思圖謀。因為此時，是最有能力、條件、機會，將事業版圖擴大的，最有利於建立公侯基業的大好時機，應該要打鐵趁熱妥善的再經營。一方面除了要固守基業之外，另一方面要，要領兵出征，去擴張國家或事業的勢力版圖，讓自己更為強大。相對的，如要帶兵出征，擴大基業版圖，也要在準備好的時候，也就是兵強馬壯盛世之時，才會有利且成功。

註：《豫》歡喜、安樂。《建》設立、建立、樹立。《侯》官位，領邑，事業、基業。《行》進行。《師》軍隊，出征。

| 震卦 上卦 | 上爻（陰） | ▅▅ ▅▅ | 上六（上爻） |
|---|---|---|---|
| | 中爻（陰） | ▅▅ ▅▅ | 六五（五爻） |
| | 下爻（陽） | ▅▅▅▅ | 九四（四爻） |
| 坤卦 下卦 | 上爻（陰） | ▅▅ ▅▅ | 六三（三爻） |
| | 中爻（陰） | ▅▅ ▅▅ | 六二（二爻） |
| | 下爻（陰） | ▅▅ ▅▅ | 初六（初爻） |

## 周易『六十四卦』吉凶禍福～斷解

# 周文王諭令

◆【運氣、願望、機會、交涉】：喜事來臨，好機會好運到來，順心如意，願望將會達成，交涉成功。但不能因此而散漫，或者流連於歡樂場所，反讓好運流失。

◆【財運、買賣投資】：財運正好到來，財氣佳，投資可成，會獲利。

◆【商情、資金商借】：市道好運機會剛好到來，資金也會順利到位。

◆【事業、開業、求職、考試】：職場新景象，吉利如意。開業生意興隆，求職得貴人相助。成績佳，有好表現。

◆【轉行、遷移、旅行】：轉行遷移吉祥如意，旅途歡樂，小心歡樂過度遭小偷盯上。

◆【戀愛、婚姻】：戀情、求婚，都會成功，感情關係良好甜如蜜。

◆【健康、問壽】：健康的春天到來，疾病可穩定或復原。重症危急者，脫離險境。

◆【糾紛、訴訟】：和解機會到來，紛爭可平息。好機會到，訴訟得利或順利度過。

◆【失物、尋人】：失物已遺失，或遭偷竊，有機會得回。人物流連在歡樂場所，要盡速去找回，否則會墮落沉迷下去，可往東方尋找。

◆【問胎、應期、應位】：女胎。小雪初到小雪中間日。東方。

# 第十七卦

## 澤雷隨

【卦辭】：「隨，元亨利貞，無咎。」

平

得55分

【象】：天上積水如澤，伴隨雷擊落下，蕭規曹隨，複製跟隨。

【數】：大寒中間日的前及後，東方，陽卦。

【理】：跟著學習做事，秉持根本，堅守正道，就會順利亨通，同時不會有災禍。

## 蔡上機易經卦象塔羅圖解

第十七卦【澤雷隨】，『兌卦』（象澤）在上，『震卦』（象雷）在下，相疊「成卦」。天上水氣積成烏雲，如天上的澤水，伴隨打雷落下，雨水隨打雷而落下，有跟隨之意，如同複製跟著走跟著做，蕭規曹隨，雖沒大有為，但可平穩順利，稱為『隨』卦。

易經塔羅牌，以天上烏雲密佈為場景，雨水跟隨著打雷而落下，兩者間有跟隨的意思。主人物將上述天候「雨跟隨雷擊而落下」的場景，將他畫下，再次呼應跟隨、跟著做、跟著複製的意涵，表現強調出「跟隨，複製」的意義。

## 蔡上機版的周易智慧哲學講述

跟隨他人做事，當一個副手、助手的時候，要懂得揣摩上意，模仿及複製成功的案例做事，雖沒大作為，但至少也不會犯上公司或老闆不喜歡的錯誤，而可安穩順利。只要再秉持著根本做事，又堅守正道及職責，有堅決的執行力，始終如一，就會順利亨通，得到利益，同時不會有災禍。

或者，任何事，都還處在生疏的狀態，最好的方法，就是能夠複製、跟隨，成功者的版本、腳步去做，有前案前例可因循及仿照，加上做事的態度正確，縱使生疏，也不容易失敗。

註：《隨》跟隨，照著辦。《元》根本、開始。《亨》通暢，順利。《利》利益、獲利。《貞》堅守正道，始終如一。《咎》災禍。

| | | | | |
|---|---|---|---|---|
| 澤卦<br>上卦 | 上爻（陰） | ▮▮　▮▮ | 上六（上爻） |
| | 中爻（陽） | ▮▮▮▮▮ | 九五（五爻） |
| | 下爻（陽） | ▮▮▮▮▮ | 九四（四爻） |
| 震卦<br>下卦 | 上爻（陰） | ▮▮　▮▮ | 六三（三爻） |
| | 中爻（陰） | ▮▮　▮▮ | 六二（二爻） |
| | 下爻（陽） | ▮▮▮▮▮ | 初九（初爻） |

## 周易『六十四卦』吉凶禍福～斷解

# 周文王諭令

◆【運氣、願望、機會、交涉】：好機會，雖然慢一下。但跟著、複製著，成功者的腳步、範例走，多多請益懂的人，就會有貴人相助，就會順利。如能借助他人之力，更可成大事。

◆【財運、買賣投資】：契機出現較慢，等些時日之後，有貴人相助。投資熟悉或成功的案例，可獲利。

◆【商情、資金商借】：市道遲鈍一些，等一下，機會即會到來。依循慣例操作，資金可成。

◆【事業、開業、求職、考試】：跟著大夥做事，學著效法作事慣例，會吉利順利如意。一切按照常規來，不要畫蛇添足，就會成功。找考古題讀，成績佳。

◆【轉行、遷移、旅行】：轉到熟悉的行業別，吉利如意。遷移、出遊，找去過的地方，或熟悉的人帶，順利如意，落單不吉。

◆【戀愛、婚姻】：戀愛求婚，緩穩腳步，找成功範例照著做，可以成功。感情互動關係，一切依舊，可以順利。

◆【健康、問壽】：跟著慣例治療，可以得治。重症危急者，好好診治，可得脫險。

◆【糾紛、訴訟】：找到前例處理的方法，即可解決。雖然沒能大獲勝，但至少能解決。

◆【失物、尋人】：失物跟著遺忘的線索找，可以找到，可能混雜在某東西之下，人物往熟悉的地方可以尋得，可往東方去尋找。

◆【問胎、應期、應位】：男胎。大寒中間日的前及後。東方。

# 第十八卦

【卦辭】：「蠱，元亨，利涉大川。先甲三日，後甲三日。」

◆中凶◆
得21分

第十八卦 山風蠱 整飭其害

【象】：山裡藏風為山洞，居藏毒蠍害物，如蠱迷惑空洞的人心，需整飭其害。

【數】：大暑中間日的前及後，東南方，陰卦。

【理】：內部腐敗需整治，從根本診治，親身詳查事務，才能解決腐敗。身先士卒、以身作則，能得到整治的通順，有利挑戰危險。

## 蔡上機易經卦象塔羅圖解

第十八卦【山風蠱】，『艮卦』（象山）在上，『巽卦』（象風）在下，相疊「成卦」。山裡藏著風，表示山有空洞（山洞），將居藏著毒蠍、蜈蚣、毒蛇、毒蟲等害物。猶如空洞的人心，被蠱迷惑，殘害心靈世界，需整飭其害，稱為『蠱』卦。

易經塔羅牌，以山洞為場景，洞裡頭爬出毒蠍、毒蛇（等同毒蟲之物），洞前有位蛇蠍女子，手拿內心腐壞長蛆的蘋果（呼應山洞裡的毒蟲），還有金銀珠寶，並露出肉體美色，用蛇蠍之心來利誘、色誘，迷惑主人物的心，主人物趕緊閃避拒絕，以避免受誘。

## 蔡上機版的周易智慧哲學講述

當面臨內部腐敗而需整治的時候，要找到問題源頭的所在，也就是從「根本、治本」整治起，不能只是治標，處理表面。而且要自己親身下去體驗、了解、詳察事務，才不會被欲蓋彌彰者、欺上瞞下、瞞天過海，方能發現事實，解決腐敗。同時，作為上要身先士卒，以身作則（進入基層士兵中的前前後後，多日觀察。稱為「先甲三日，後甲三日」），才能得到整治的效果而通順，有健全的基業，才能有利於挑戰外在的任何危險，建功立業。

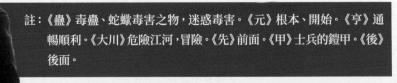

註：《蠱》毒蟲、蛇蠍毒害之物，迷惑毒害。《元》根本、開始。《亨》通暢順利。《大川》危險江河，冒險。《先》前面。《甲》士兵的鎧甲。《後》後面。

| | | | |
|---|---|---|---|
| 艮卦 | 上爻（陽） | ▬▬▬▬ | 上九（上爻） |
| 上卦 | 中爻（陰） | ▬▬ ▬▬ | 六五（五爻） |
| | 下爻（陰） | ▬▬ ▬▬ | 六四（四爻） |
| 巽卦 | 上爻（陽） | ▬▬▬▬ | 九三（三爻） |
| 下卦 | 中爻（陽） | ▬▬▬▬ | 九二（二爻） |
| | 下爻（陰） | ▬▬ ▬▬ | 初六（初爻） |

## 周易『六十四卦』吉凶禍福～斷解

# 周文王諭令

◆【運氣、願望、機會、交涉】：會觸礁，沒有機會，不會達成。大兇不妙，謹防被迷惑設局毒害，桃色糾紛，內部有危害之事在發生。

◆【財運、買賣投資】：受利誘而遭逢嚴重損失，投資暗中有嚴重損失，合夥合作內部出問題。

◆【商情、資金商借】：市道步步危機，到處皆陷阱，資金沒法到位，面臨危險。

◆【事業、開業、求職、考試】：內部腐敗問題很大，職場待不下去。求職徒勞無功或有利誘的陷阱，非常危險。成績差勁到爆。

◆【轉行、遷移、旅行】：去處危險不良，阻礙會很多，旅行會被迷害，最好不要。

◆【戀愛、婚姻】：戀情、婚事有詐，小心受迷騙，或內部障礙很多，不會成功。感情關係相當復雜，有許多根本的煩惱問題，無法解決。

◆【健康、問壽】：健康已經傷到身體的根本，如不趕緊診治，恐有不測。重症危急者，元氣損傷很重，除非能醫治急救，否則大限將至。

◆【糾紛、訴訟】：糾紛很大，處於危急，注意內部人。訴訟將敗，大敗特敗。

◆【失物、尋人】：在某種東西的下面，很難找回。受迷惑或素行不良或家庭不和而出走，小心發生危險，可往東南方去尋找。

◆【問胎、應期、應位】：女胎。大暑中間日的前及後。東南方。

# 第十九卦

## 地澤臨

【卦辭】：「臨，元、亨、利、貞。至于八月有凶。」

上吉
得90分

【象】：地下臨澤，肥沃之地，居高地而望澤，如掌江山，君臨天下，領導統御。

【數】：春分日到春分初，西南方，陰卦。

【理】：執掌領導大權，固守根本，堅守正道，就會順利亨通，但當居安思危。

### 蔡上機易經卦象塔羅圖解

第十九卦【地澤臨】，『坤卦』（象地）在上，『兌卦』（象澤）在下，相疊「成卦」。地下一片沼澤，肥沃之地，垂手可得。站居高地而望低澤，如瞭望江山，君臨天下，領導統御，稱為『臨』卦。

易經塔羅牌，主人物（皇帝）站在高地，地下臨澤，如瞭望一大片江山，居高臨下，如皇帝君臨天下，一旁有大臣晉見跪叩，呼應領袖皇權，統御天下江山。

### 蔡上機版的周易智慧哲學講述

執掌領袖統治大權，位高權重者，要懂得腳底下的根本、根基，要牢牢的固守住，實力才會持續存在，而且堅守正道，始終如一，才能有永續的路，就會順利亨通。但是，一旦獲得利益，到了豐收之時（八月，是豐收的月份，意指利益、豐收），就有可能因利益、豐收，而招引外敵外患來侵搶地盤或利益，或者內部會因為利益分配不均，或私心私利而起內訌生事端。所以，身為領袖者，在豐收或得利之時，應當居安思危，謹防內亂外患，才不會有危險。

註：《臨》居高臨下，領導統治。《元》根本、開始。《亨》通暢順利。《利》利益、獲利。《貞》堅守正道，始終如一。《八月》農作物豐收之季。

| 坤卦 上卦 | 上爻（陰） | ▬▬ ▬▬ | 上六（上爻） |
|---|---|---|---|
| | 中爻（陰） | ▬▬ ▬▬ | 六五（五爻） |
| | 下爻（陰） | ▬▬ ▬▬ | 六四（四爻） |
| 兌卦 下卦 | 上爻（陰） | ▬▬ ▬▬ | 六三（三爻） |
| | 中爻（陽） | ▬▬▬▬▬ | 九二（二爻） |
| | 下爻（陽） | ▬▬▬▬▬ | 初九（初爻） |

## 周易『六十四卦』吉凶禍福～斷解

# 周文王諭令

◆【運氣、願望、機會、交涉】：充滿光明與希望，好事連連，萬事亨通。好機會就在眼前，願望會達成，交涉成功。

◆【財運、買賣投資】：財運大興旺，投資大獲利。

◆【商情、資金商借】：市道非常旺，垂手可得，資金滿滿商借順遂。

◆【事業、開業、求職、考試】：大展宏圖，位高權種，開業擴業成功，大有為。求職得重用，可得權力。成績佳強，名列前茅。

◆【轉行、遷移、旅行】：異動吉利，順利成功。旅行一路順風，財不露白可平安。

◆【戀愛、婚姻】：對象不乏，處於優勢，戀情、求婚成功圓滿，感情幸福美滿。

◆【健康、問壽】：病者轉為安康順遂，重症危急者曙光乍現，起死回生。

◆【糾紛、訴訟】：糾紛得解，佔上風，有優勢，訴訟成功大獲勝。

◆【失物、尋人】：失物可以發現找回，人物不久將會自動回家，或得知下落，可往西南方去尋找。

◆【問胎、應期、應位】：女胎。春分日到春分初。西南方。

# 第二十卦

## 風地觀

【卦辭】：「觀，盥而不薦，有孚顒若。」

平下

得50分

第二十卦 風地觀 觀察時事

【象】：風吹大地，無孔不入，如查細微，審時度勢，小心謹慎。

【數】：小雪中間日到小雪末，西北方，陰卦。

【理】：觀察時事，如同祭拜只洗手臉而不進獻祭品，但擺出仰慕的樣子，以讓人相信。

## 蔡上機易經卦象塔羅圖解

第二十卦【風地觀】，『巽卦』（象風）在上，『坤卦』（象地）在下，相疊「成卦」。風吹大地，到處流竄，無孔不入，就像在仔細查察細微。表示偵察中，也是需要偵察。所以不能躁進，必須審時度勢，小心謹慎的觀察再作為，稱為『觀』卦。

易經塔羅牌，風吹遍大地，穿梭流竄所有空隙，簡直是無孔不入，意指任何細微之人事物，只要細入深入的觀察，都可以發現平時忽略，或不被發現的一面。主人物在風裡，也一樣在細微的觀察，所有生物細微的表現，人物呼應場景，表彰著「觀察細微」的意境。

## 蔡上機版的周易智慧哲學講述

當事況不明時，還在觀察、觀望的時候，不要輕舉妄動，不能躁進，要持保留的態度，可在時況不明時，為自己留下有利的後路。所以，要像在拜拜時，先洗洗手臉，給大家看到你誠意敬神的動作，但你卻都沒實質的去進獻祭品祭拜，同時還擺出一副很仰慕神佛的樣子，讓人相信你的誠意。意指，雖時況不明，需觀望不能有所作為，以為自己留有利的後路，但也要做個樣子假象，讓人相信你是有所作為的。

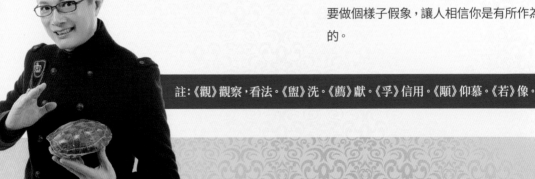

註：《觀》觀察，看法。《盥》洗。《薦》獻。《孚》信用。《顒》仰慕。《若》像。

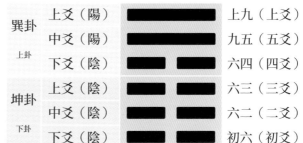

| 巽卦 上卦 | 上爻（陽） | | 上九（上爻） |
|---|---|---|---|
| | 中爻（陽） | | 九五（五爻） |
| | 下爻（陰） | | 六四（四爻） |
| 坤卦 下卦 | 上爻（陰） | | 六三（三爻） |
| | 中爻（陰） | | 六二（二爻） |
| | 下爻（陰） | | 初六（初爻） |

## 周易『六十四卦』吉凶禍福～斷解

# 周文王諭令

◆【運氣、願望、機會、交涉】：運氣波折，現況非常不明朗，不能躁進，欲速則不達，事事小心，暫時無法達成，勿聽信纏言，須要再仔細觀察，好壞的答案才會清晰可見，找尋有利的機會。

◆【財運、買賣投資】：現況不宜，欲速則不達，有待觀察，事緩則圓。

◆【商情、資金商借】：商情不明，保持觀望，以靜制動，再做打算。資金還在飄忽中，一時間無法到位。

◆【事業、開業、求職、考試】：事業職場動向不明，現況非有利，勿輕舉妄動。開業時間未到，需要再評估，求職沒有好舞台。考題不易抓準，成績差勁。

◆【轉行、遷移、旅行】：一動不如一靜，暫且保守觀望。遷移不利，會有障礙，最好不要遠行。

◆【戀愛、婚姻】：戀情求婚，會有波折，事不單純，不宜躁進。感情關係，彼此瞭解不夠，再更多深入的觀察與瞭解，才會知道更多的秘密。

◆【健康、問壽】：健康問題，症狀不明，需要全身或局部的仔細檢查，才能找到問題。重症危急者，生死不明，處於危險中，如沒對症救助，會有不測。

◆【糾紛、訴訟】：一片混亂中，處於不利狀態，訴訟找不到有利的點，會失敗。

◆【失物、尋人】：失物被他人拿走，可能找不回來。人物到處流浪去了，現不知去向，又可能會有危險，可往西北方去尋找。

◆【問胎、應期、應位】：女胎。小雪中間日到小雪末。西北方。

# 第二一卦

## 火雷噬嗑

【卦辭】：「噬嗑，亨，利用獄。」

◀大大凶▶
得1分

第廿一卦 火雷噬嗑 ䷔ 強勢作為

【象】：火電助雷威，霹靂而下，強勢作為，如斬斷天地之強烈，分崩離析。

【數】：小寒末到大寒初。東南方。陽卦。

【理】：強於治理大事國事，會遇阻礙，克服一切，像門牙咬斷硬物，會亨通。達到目的，最有利的手段，是運用重典刑律和刑罰。

## 蔡上機易經卦象塔羅圖解

第二一卦【火雷噬嗑】，『離卦』（象火）在上，『震卦』（象雷）在下，相疊「成卦」。天上的火電助長雷威，霹靂而下，威力巨大的強勢作為，猶如斬斷天地之強烈，使其地面分崩離析，又如上下顎的牙齒，狠狠的一口咬斷硬物，稱為『噬嗑』卦。

易經塔羅牌，主人物雷神，從天而降，發起怒威，火電引動巨雷，在天地之間，強勢霹靂而下，巨大力量可以劈開建築物及地面，使其分崩離析，剎那間即可毀滅天地之物，意表其強勢作為的威力。

## 蔡上機版的周易智慧哲學講述

欲加強治理國事政務（人生大事），必會遇到各種的難關及阻礙。能夠克服及通過這一切難關及阻礙，就能打開的局面，所以就會順利通暢。此時，為了大事的執行，要達到這一切的目的，必須有所強勢的作為，其作為就像用上下門牙，咬斷殼或硬物般的強勢。最有利的手段，就是運用重典、刑律和刑罰。

也就是要做大事、處理大事，是非常之作為，一定要用非常之手段，而且其手段一定要極其強勢，必須蓋過有所抗拒的力量。就像火雷從天霹靂而下，天崩地裂，斬斷天地之物，分崩離析。才能克服通過所有難關及阻礙，而達到成功的目的。

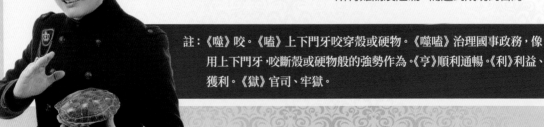

註：《噬》咬。《嗑》上下門牙咬穿殼或硬物。《噬嗑》治理國事政務，像用上下門牙，咬斷殼或硬物般的強勢作為。《亨》順利通暢。《利》利益、獲利。《獄》官司、牢獄。

| 離卦 上卦 | 上爻（陽） | ▬▬▬▬ | 上九（上爻） |
|---|---|---|---|
| | 中爻（陰） | ▬▬ ▬▬ | 六五（五爻） |
| | 下爻（陽） | ▬▬▬▬ | 九四（四爻） |
| 震卦 下卦 | 上爻（陰） | ▬▬ ▬▬ | 六三（三爻） |
| | 中爻（陰） | ▬▬ ▬▬ | 六二（二爻） |
| | 下爻（陽） | ▬▬▬▬ | 初九（初爻） |

## 周易『六十四卦』吉凶禍福～斷解

# 周文王諭令

◆【運氣、願望、機會、交涉】：有強大的阻礙及毀壞性，會被破壞殆盡，運勢機會困難重重，盪到谷底，達成率微乎其微。除非有絕對強勢、優勢的條件、能力及作為，肯定可以排除萬難，否則不要嚐試逆勢而為。

◆【財運、買賣投資】：艱難且受強大的破壞，恐會全軍覆沒，除非財力雄厚到，可以扭轉乾坤，否則還是退守為上。

◆【商情、資金商借】：市道非常風險極大，非常危險，進則粉身碎骨，資金嚴重卡關。

◆【事業、開業、求職、考試】：事業面臨極大風險，如非強人，無人可抵擋。開業大失敗，求職五雷轟頂。成績慘到爆，一敗塗地。

◆【轉行、遷移、旅行】：轉行異動將大敗，出行旅遊有重大危險，最好能取消。

◆【戀愛、婚姻】：戀愛求婚大挫敗，小心危險情人，傷害感情。感情將面臨強大的破壞，或發生廝殺決裂，小心血光事件。

◆【健康、問壽】：健康面臨重大的危害，重症危急者，回天乏術。

◆【糾紛、訴訟】：重大糾紛，引發暴力血光傷害。訴訟極度不利，大挫敗。

◆【失物、尋人】：失物恐被支解破壞，如短間沒找到，就是回不來。人物因為爭執或重大事件而出走，可能會有重大危險，可往東南方去尋找。

◆【問胎、應期、應位】：男胎。小寒末到大寒初。東南方。

# 第二二卦

## 山火賁

【卦辭】：「賁，亨。小利有攸往。」

平下
得50分

第廿二卦 山火賁 ䷕ 粉飾美化

【象】：山裡岩漿火焰熱熔，燒紅火山，外艷內虛，粉飾外表，爭妍鬥麗，敗絮其中。

【數】：立春中間日的前及後。東北方。陰卦。

【理】：懂得包裝、美化形象，有利於做事的亨通。但這種自我的包裝美化，只在小事情上起作用，得到小利益。

### 蔡上機易經卦象塔羅圖解

第二二卦【山火賁】，『艮卦』（象山）在上，『離卦』（象火）在下，相疊「成卦」。火在山裡面，滿是岩漿火焰，熱熔燒紅了整座火山，外表非常的艷麗，但內在是虛空的。就像在粉飾外表，爭妍鬥麗一樣，但實則是敗絮其中，稱為『賁』卦。

易經塔羅牌，一座豔麗燒紅的火山為背景，是本卦的精神，主人物一身華麗打扮，搭配孔雀開屏，炫麗奪目，為前景，都是在呼應本卦，金縷其外光彩的外表，意會著重外表的粉飾，卻是缺乏內涵，敗絮其中。

### 蔡上機版的周易智慧哲學講述

用包裝、美化、粉飾自己的形象或外表，的確是有利於做事的順利通暢，是有必要的。不過，這種自我的包裝、美化、粉飾，都是表面功夫，只能在小事情上、小利益上，起作用，也是可以因此而得到一些小利益。

除了，意會，行事想要順利，需是要懂得包裝與美化、粉飾，或者豎立自己的表面形象加以宣傳。但事事如只求（講究）包裝、美化、粉飾，而不顧及內涵與品質，縱使有利處，也是不會持久的。所以，外在的包裝、美化、粉飾，是要兼具內涵，才能創造大利益。否則也只是金縷其外，終究還是會敗絮其中的。

註：《賁》光彩，打扮，裝飾。《亨》通暢順利。《利》利處，好處。《攸》所。

| | | | |
|---|---|---|---|
| 艮卦 | 上爻（陽） | ▬▬▬ | 上九（上爻） |
| | 中爻（陰） | ▬ ▬ | 六五（五爻） |
| 上卦 | 下爻（陰） | ▬ ▬ | 六四（四爻） |
| 離卦 | 上爻（陽） | ▬▬▬ | 九三（三爻） |
| | 中爻（陰） | ▬ ▬ | 六二（二爻） |
| 下卦 | 下爻（陽） | ▬▬▬ | 初九（初爻） |

## 周易『六十四卦』吉凶禍福～斷解

## 周文王諭令

◆【運氣、願望、機會、交涉】：小願望可成，大願望難成。光靠外表去交涉，好結果不大，還是要有內在才行。許多事情都是表面化，是經過粉飾美化出來的，外表看似良機良好，但小心只是虛幻一場，實際是不理想。任何事，都要從外表看到隱藏面去，才不會被騙或誤導。凡事有內在有內涵，才會有好運氣。

◆【財運、買賣投資】：靠表面的粉飾功夫，可賺到小錢，贏得小利。

◆【商情、資金商借】：市道只是表面的美化，實則落差很大。資金商借，說的好聽，實則有困難。

◆【事業、開業、求職、考試】：職場工作上太美化，小心失敗在務實面。開業求職理想太多，會事與願違而失敗。只是應付考試，所以成績勉強還可以。

◆【轉行、遷移、旅行】：表面上還可以，最後成敗看實力。短程短期旅行可以，長程長期旅行則不宜。

◆【戀愛、婚姻】：美化的一切，像鬼遮眼，對事實勿期望過高，要深入瞭解對方底細，勿一時間墜入情網。戀愛求婚或許會成功，但結局不好。

◆【健康、問壽】：表面似好，實則有問題，要細查。重症危急者，忽略實質的危險，將面臨生死風險。

◆【糾紛、訴訟】：表面和諧，實質有問題，訴訟因錯誤的美好假象而被誤導。

◆【失物、尋人】：失物人物，短時間，可以找到，長時間找不回，可往東北方尋找。

◆【問胎、應期、應位】：女胎。立春中間日的前及後。東北方。

# 第二三卦

## 山地剝

【卦辭】：「剝，不利有攸往。」

◆大凶◆
得15分

【象】：山從地面繃出，剝開地面，醜陋敗露。
【數】：大雪中間日的前及後。西北方。陰卦。
【理】：敗事顯露的時候，不宜有任何舉動。

### 蔡上機易經卦象塔羅圖解

第二三卦【山地剝】，『艮卦』（象山）在上，『坤卦』（象地）在下，相疊「成卦」。山從地面蹦出來，地面被山剝開來，猶如醜陋敗露，稱為『剝』卦。

易經塔羅牌，一座山，如似從地底下，蹦出來，把地面硬生生的剝開，為場景。一旁有一歹徒，強行的將良家婦女的衣服剝開，婦女痛苦的掙扎呼喊求救，主人物看的嚇到目瞪口呆，而不知覺的把手中的橘子，也剝開成兩半，以呼應全部的場景。

### 蔡上機版的周易智慧哲學講述

當事機敗露，敗事顯露的時候，等於當下已經沒機會了，處於時不我予的環境。這時再包裝、偽裝、美化，恐都是無用。此時，也是最為危急的時候，應冷靜認清、看清面對當下環境的一切事實，不應再去盲幹、蠻幹，不宜有任何的舉動，且在變化的契機中求生機，以免全軍覆沒，且明哲保身。

註：《剝》去皮，剝去，裂，敗事顯露。《利》利益、獲利。《攸》所。

| 艮卦 上卦 | 上爻（陽） | ███████ | 上九（上爻） |
|---|---|---|---|
| | 中爻（陰） | ███　███ | 六五（五爻） |
| | 下爻（陰） | ███　███ | 六四（四爻） |
| 坤卦 下卦 | 上爻（陰） | ███　███ | 六三（三爻） |
| | 中爻（陰） | ███　███ | 六二（二爻） |
| | 下爻（陰） | ███　███ | 初六（初爻） |

## 周易『六十四卦』吉凶禍福～斷解

# 周文王諭令

◆【運氣、願望、機會、交涉】：願望失敗，機會難成。面臨被剝奪的窮困衰敗，事機敗露，事有情急，謹慎退守。提防桃色糾紛，或被人陷害。

◆【財運、買賣投資】：金錢利益將遭剝奪，投資失敗，大大損失。

◆【商情、資金商借】：市道環境惡劣，商情顯露敗勢，處於危險中。資金將周轉不靈，發生嚴重問題。

◆【事業、開業、求職、考試】：事機敗露，職場上有危險，不吉利。開業失敗難成，成積非常差勁。

◆【轉行、遷移、旅行】：轉行、遷移都不佳，越多敗事發生。旅行會有災難，最好取消或者延期。

◆【戀愛、婚姻】：戀愛、求婚，會因為醜陋的事件而失敗，強取豪奪會悲劇收場，感情關係失和，將會遭到報復整肅，私密隱私將遭起底。

◆【健康、問壽】：健康連連敗露問題來，趕緊徹底診察治療。重症危急者，會有生命危險的顯露。

◆【糾紛、訴訟】：糾紛正在擴大中，醜陋百出，訴訟越打越是失利，敗點一直跑出來。

◆【失物、尋人】：失物已經被偷走或者遺失了，找不回來了。人物恐有危險，趕快盡全力去找，可往西北方尋找。

◆【問胎、應期、應位】：女胎。大雪中間日的前及後。西北方。

# 第二四卦

## 地雷復

【卦辭】：「復，亨。出入無疾，朋來無咎，反復其道，七日來復，利有攸往。」

中吉

得75分

第廿四卦地雷復 ䷗ 機會回來

【象】：春雷進入大地，大地早已回春，萬物生機重新復還。

【數】：冬至日到冬至初。西南方。陽卦。

【理】：事業復興亨通，收支都沒問題，朋友往來也沒過失，復興前途，一開始就善用計畫，是有利達到目標理想。

### 蔡上機易經卦象塔羅圖解

第二四卦【地雷復】，『坤卦』（象地）在上，『震卦』（象雷）在下，相疊「成卦」。春雷早已響起，已經進入大地，大地早就回春了，萬物生機也已經重新復還著新生活，意指機會已經重新再回來了，稱為『復』卦。

易經塔羅牌，天上的雷，已經鑽入地底下，表示春雷早已經來過，雷才會鑽入地底下。萬物的生機，新生命，也早已經重新開始過新生活。場景，百花早已齊放，盛開多時，是蜜蜂們採花蜜的大好機會，蝴蝶們偏偏飛翔，和主人物開心的玩耍著，呼應著生機、生命、機會，都已經回來了！

### 蔡上機版的周易智慧哲學講述

當事業復興後，自然就會通達順利。所有進出、來往的事，都可以安穩，不會有問題。人際朋友或商業貿易關係，會增加頻繁，也都沒什麼過失。這時站在自己最有利的崗位上，搶在所有人的前面，及早計畫進行事業的發展，是有利於達到目的理想。

表示，事業興旺好機會到了，要趕緊和更多人往來做生意，把經濟商圈建立起來，同時找到自己最有利的角色卡住其位，扮演經濟商圈往來的核心，及早在所有人中，運作有利於己的計畫，讓經濟商圈跟著你的腳步走，是最有利的。

註：《復》回來、回去、恢復、再、又，事業復興。《亨》通暢順利。《出》拿出，出現，顯露。《入》進入，收入，收納。《疾》病，痛苦，缺點。《咎》過失。《道》途徑、規律、道理、主張。《七日》農曆正月初七，一年的開始。《利》利益、獲利。《攸》所。《往》去的方向。

| 坤卦 上卦 | 上爻（陰） | 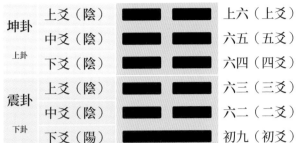 | 上六（上爻） |
|---|---|---|---|
| | 中爻（陰） | | 六五（五爻） |
| | 下爻（陰） | | 六四（四爻） |
| 震卦 下卦 | 上爻（陰） | | 六三（三爻） |
| | 中爻（陰） | | 六二（二爻） |
| | 下爻（陽） | | 初九（初爻） |

## 周易『六十四卦』吉凶禍福～斷解

# 周文王諭令

◆【運氣、願望、機會、交涉】：好運回來了，成功有望。有機可乘，交涉順利成功。提早計畫者，大獲全勝。

◆【財運、買賣投資】：財運到來，往來良好獲利，投資得利。

◆【商情、資金商借】：市道機會大開，商情可成，資金順利到位。

◆【事業、開業、求職、考試】：職場機會旺盛，事業復興，開業時機佳吉。求職可成，考試會有進步，回到過去的最佳狀態。

◆【轉行、遷移、旅行】：轉行遷移，機會佳吉。出行旅遊，開心可行。

◆【戀愛、婚姻】：戀愛、求婚，機會大好，不要心急，可以成功，感情關係都將回到最佳狀態。

◆【健康、問壽】：健康轉好，重症危急者，得以起死回生。

◆【糾紛、訴訟】：好事到來，糾紛平息。貴人相助，訴訟得利。

◆【失物、尋人】：失物會找到，但要有耐心仔細找。人物在短時間之內，將會自動回家，或得知消息，可往西南方去尋找。

◆【問胎、應期、應位】：男胎。冬至日到冬至初。西南方。

# 第二五卦

## 天雷無妄

【卦辭】：「無妄，元、亨、利、貞。其匪正有眚，不利有攸往。」

《大大凶》

得10分

第廿五卦 天雷無妄 荒謬勿為

【象】：晴天霹靂，措手不及，違反常規，荒謬行徑，切勿妄為。

【數】：大寒未到立春日。東南方。陽卦。

【理】：不做荒謬的事，固守根本、堅守正道，才會帶來亨通順利。同時，才不會有災禍。否則，就會帶來災難不利。

## 蔡上機易經卦象塔羅圖解

第二五卦【天雷無妄】，『乾卦』（象天）在上，『震卦』（象雷）在下，相疊「成卦」。晴天之下，卻是有雷霹靂而下，正如晴天霹靂，令人措手不及，這種景象違反常規，簡直就是荒謬行徑，切勿妄為，稱為『無妄』卦。

易經塔羅牌，晴空萬里，大好天氣，百花盛開，爭妍鬥麗，蜜蜂蝴蝶飛舞，天下太平。卻是發生雷擊，霹靂而下，打中了主人物。晴天霹靂，這是不可能發生的事件，這是一種荒謬的行徑。意指，違反常規的事發生了，荒謬的行為，也是一種措手不及的無妄之災，也警惕違反常規的事，千萬不要做，切勿妄為。

## 蔡上機版的周易智慧哲學講述

不要去做荒謬、不合情理、違反常規的事，固守根本，堅守正道，忠於且信守這個原則，才會帶來通達和順利。否則，就會帶來災難，將會不利於所做的一切事情。

意會，無論做什麼事，都不能胡來亂幹，千萬不要做荒謬的事。且堅守正道，才不會有災難，才會順利亨通。

註：《妄》荒謬、胡亂非為、荒誕。不要做荒謬不合情理的事。《元》根本、開始。《亨》通暢亨通。《利》利益。《貞》堅定、操守、正道。《匪》不是，否則。《正》恰好、正好。《眚》眼睛長膜，疾苦、過失、災禍。《攸》所。

| | | | |
|---|---|---|---|
| 乾卦 上卦 | 上爻（陽） | 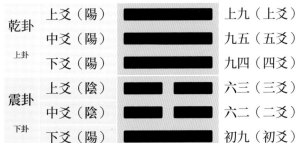 | 上九（上爻） |
| | 中爻（陽） | | 九五（五爻） |
| | 下爻（陽） | | 九四（四爻） |
| 震卦 下卦 | 上爻（陰） | | 六三（三爻） |
| | 中爻（陰） | | 六二（二爻） |
| | 下爻（陽） | | 初九（初爻） |

## 周易『六十四卦』吉凶禍福～斷解

# 周文王論令

◆【運氣、願望、機會、交涉】：小心發生荒謬的事件，晴天霹靂、措手不及。凡事守住常規，切勿為所欲為，我行我素。退守則吉，急進則凶，順其自然，真誠待人，才會沒有災禍。

◆【財運、買賣投資】：突然的意外，荒謬之事，造成嚴重的損失。

◆【商情、資金商借】：市道突然違反常規，讓人措手不及，導致挫敗，資金突然瓦解。

◆【事業、開業、求職、考試】：不合理的事發生了，勉強急進，將遭失敗。展業、求職、考試，會突發嚴重的失誤，晴天霹靂，成績差到谷底。

◆【轉行、遷移、旅行】：不宜，不可急進，否則遭敗，旅行將發生重大意外。

◆【戀愛、婚姻】：戀愛求婚，違反常理的被拒絕，突發事件，招受失敗。感情關係，因無妄之災，帶來災禍。

◆【健康、問壽】：健康毫無預警的突然出問題，重症危急者，小心突然病危。

◆【糾紛、訴訟】：沒事突來的災禍，感到非常的錯愕。訴訟突然逆轉大敗，晴天霹靂。

◆【失物、尋人】：失物不小心遺失，找不回來了。人物在不知覺中，已經遠走高飛了，可往東南方去尋找。

◆【問胎、應期、應位】：男胎。大寒末到立春日。東南方。

# 第二六卦

## 山天大畜

【卦辭】：「大畜，利貞，不家食，吉，利涉大川。」

《上上吉》

得91分

第廿六卦 山天大畜 ䷙ 擴大積蓄

【象】：山大高於天，體積龐大，蘊藏豐沛，資源巨大，如積蓄之大。

【數】：立夏中間日的前及後。東北方。陽卦。

【理】：積蓄大力量之時，堅守純正氣節是有利的，不依靠家中的供養，到外面求發展是吉利的，什麼難關都容易渡過。

### 蔡上機易經卦象塔羅圖解

第二六卦【山天大畜】，『艮卦』（象山）在上，『乾卦』（象天）在下，相疊「成卦」。山非常高大，位於天上，可見山的體積是極為龐大，必然蘊藏豐沛的礦產資源，山和資源的巨大，如積蓄之大，稱為『大畜』卦。

易經塔羅牌，只見雲海在山巒之下，山的高大，就像在天上一般，必然蘊藏有豐富的礦物資源。主人物，捧著金銀珠寶，站在高山之上，財富萬貫，呼應山和資源的巨大，如財富積蓄之大。

### 蔡上機版的周易智慧哲學講述

在積蓄巨大力量的時候，有了財富，難免會使人好逸惡勞，沈溺墮落，開始糜爛，不思圖上進。所以，這時必要堅守且保持純正的氣節，富貴不能淫，是非常重要的，也才是有利的。

在這種情況下，可以不依靠家中的供養，不窩在家中享受安樂。到外界去闖蕩增長見識，在社會的風雨中去淬煉實際的本領，學習更多做事的歷練和經驗，會是吉利的。有了這個態度和思維，行為正確，讓自己更擁有大有為的能量，未來有什麼難關，也都很容易渡過，將能成大功立大業。

註：《畜》積蓄、儲藏、保存。《利》利益、獲利。《貞》堅守正道，始終如一。《食》吃，供養。《大川》危險江河，冒險。

| | | | |
|---|---|---|---|
| 艮卦 | 上爻（陽） | ■■■■ | 上九（上爻） |
| 上卦 | 中爻（陰） | ■■ ■■ | 六五（五爻） |
| | 下爻（陰） | ■■ ■■ | 六四（四爻） |
| 乾卦 | 上爻（陽） | ■■■■ | 九三（三爻） |
| 下卦 | 中爻（陽） | ■■■■ | 九二（二爻） |
| | 下爻（陽） | ■■■■ | 初九（初爻） |

## 周易『六十四卦』吉凶禍福～斷解

# 周文王諭令

◆【運氣、願望、機會、交涉】：機會大好，鴻圖大展，大有作為。只要不要沈溺於安樂，願望理想都將達成。

◆【財運、買賣投資】：財運大發，投資大獲利。

◆【商情、資金商借】：市道興旺，財源廣進，左右逢源，資金多到過剩。

◆【事業、開業、求職、考試】：事業大發達，展業大獲利，求職可成，有好位置，考試有好成積。

◆【轉行、遷移、旅行】：可行且吉利，出行開心，滿載而歸。

◆【戀愛、婚姻】：有好的對象出現，戀愛求婚會成功，戀情將開花結果，感情美滿幸福。

◆【健康、問壽】：健康大有復甦，重症危急者，情況大好，脫離險境。

◆【糾紛、訴訟】：糾紛得解，順利圓滿，訴訟大獲勝。

◆【失物、尋人】：失物遺忘在某個東西之下，可以找到。人物很快就會找到，或者回來，可往東北方去尋找。

◆【問胎、應期、應位】：男胎。立夏中間日的前及後。東北方。

# 第二七卦

## 山雷頤

【卦辭】：「頤，貞吉。觀頤，自求口實。」

平下

得45分

第廿七卦 山雷頤 休養生息

【象】：雷電被收入山裡歸藏，難有作為，休養生息，以圖未來。

【數】：冬至中間日的前及後。東南方。陽卦。

【理】：休養生息之時，要堅守正道，才會吉祥。要達到休養生息的目的，需自謀口糧而充實，才能達到目的。

### 蔡上機易經卦象塔羅圖解

第二七卦【山雷頤】，『艮卦』（象山）在上，『震卦』（象雷）在下，相疊「成卦」。打雷後，雷電被山吸收，歸藏入山裡。表示被收藏住，無法展現實力，難有作為。也意會，正在休養生息中，以謀強健，而圖未來。時機不對，需要休息養氣，稱為『頤』卦。

易經塔羅牌，主人物，是一位老朽，一旁還有一個暖爐，表示年紀大了，身體不佳虛弱，需要多多休息，休養身子，保養強壯的健康。呼應，窗外的場景，雷打在山上，被吸收進入山裡歸藏起來，無法施展能量，就像在休息中。意會，時不我予，沒有作為可行，需要強化實力，以圖未來。

### 蔡上機版的周易智慧哲學講述

在毫無作為的機會，實力不足，休養生息，以求強健的時候，千萬不要求表現，否則等於是求敗，同時一定要堅守正道，才會吉祥如意。

而要，達到休養生息，強健自我的目的，需要自謀口糧，建立自己可以謀生的專業、本能及行為能力，也就是自立自強、自立更生、發奮圖強，自我實踐＆實現，才能讓自己充實起來。而這個充實的力量，除了要充實物質的能力之外，還需充實豐富的智慧，才能達到養精蓄銳，以圖未來的目的。

---

註：《頤》保養，休養，休息。《貞》堅守正道，始終如一。《觀》顯示。《求》尋找、尋求。《實》充實、充滿、果實。

| | | | | |
|---|---|---|---|---|
| 艮卦 | 上爻（陽） | ▬▬▬ | 上九（上爻） |
| 上卦 | 中爻（陰） | ▬ ▬ | 六五（五爻） |
| | 下爻（陰） | ▬ ▬ | 六四（四爻） |
| 震卦 | 上爻（陰） | ▬ ▬ | 六三（三爻） |
| 下卦 | 中爻（陰） | ▬ ▬ | 六二（二爻） |
| | 下爻（陽） | ▬▬▬ | 初九（初爻） |

## 周易『六十四卦』吉凶禍福～斷解

# 周文王諭令

◆【運氣、願望、機會、交涉】：眼前沒有好機會，願望理想交涉，都不會達成。要懂得，識時務、知進退，休養生息，先行強健實力後，靜待時機。

◆【財運、買賣投資】：沒有財運，運勢歸零，投資不利。

◆【商情、資金商借】：市道沒有好機會，先沈靜累積實力，資金沒法到位。

◆【事業、開業、求職、考試】：職場沒空間，需要再具備能力，不能著急，累積實力為先。開業條件不良會失敗，求職不會有好的工作，需要提升自我條件。實力不足或健康因素，沒有好成績。

◆【轉行、遷移、旅行】：不得時機，再等待。旅途上，小心水土不服、飲食衛生出問題，或生病而回。

◆【戀愛、婚姻】：戀愛求婚，皆因自我條件不足，沒能順利成功。感情關係，處於衰退中，需要休養生息、重新強健，否則會走向分手。

◆【健康、問壽】：健康虛弱，趕緊休息療養。重症危急者，奄奄一息，如沒強力的急治，維繫生命力，恐怕只有等時間。

◆【糾紛、訴訟】：處於弱勢，任人欺凌。官司不利，任人宰割。

◆【失物、尋人】：失物遺忘在屋內的某個東西之下，人物因為沒有能力可以走遠，可能就藏在附近，可往東南方去尋找。

◆【問胎、應期、應位】：男胎。冬至中間日的前及後。東南方。

# 第二八卦

## 澤風大過

【卦辭】：「大過，棟橈，利有攸往，亨。」

◀大大凶▶

得6分

第廿八卦澤風大過　非常作為

【象】：江洋下洋流滾動，如興風作浪，大步賣力跨越風險，非常作為之手段，以度安康。

【數】：夏至中間日的前及後。東方。陰卦。

【理】：大飛越的跨過風險，要精準的審時度勢，拿出勇氣決心，發揮強大動能，抓住關鍵點，勇往邁進。如蓋房子架起大樑，行船用起大槳，才有利於事業的發展亨通。

### 蔡上機易經卦象塔羅圖解

第二八卦【澤風大過】，『兌卦』（象澤）在上，『巽卦』（象風）在下，相疊「成卦」。海澤底下，有洋流強烈在滾動，如江洋底下，有股強風在興風作浪，滾動整個江洋，起滔滔大浪，驚險萬分，如要度過風險，需提起勇氣，置之死地而後生，以非常作為之手段，大步賣力跨越風險，以度安康，稱為『大過』卦。意指，面臨大風險，必須大大的跨越過去。也象徵大的風險，可能來自大過失所導致。

易經塔羅牌，海澤底下的洋流，強烈的在流竄，滾動整個海面，驚濤駭浪，就要吞噬主人物，面臨大風險，也會出現大過失，生死關頭當前。這時只有處變不驚，提起勇氣跟生死搏鬥，用力的穩住船身，搖起船槳，大大的跨越過去。

### 蔡上機版的周易智慧哲學講述

面臨危險關頭，須有非常的作為，打破常規，實行很大的飛越，才能置之死地而後生。這時要處變不驚，才能冷靜理性，正確的審時度勢，精準抓到一線生機。

接著，就是要拿出變革的決心，發揮強大又勇敢有魄力的動能，牢牢抓住當下唯一的生機，勇往奮力的向前邁進。如同，蓋房子架起了大樑，能將房屋撐住，行船用起的大槳，能快速的將船划動。如此思維態度及行為，大大的跨越生死關頭，以利求生，通達順利。

註：《過》走過、超越，大過即打破現狀常規，實行很大的跨越。《棟》建物支撐體。《橈》划船用的槳。《攸》所。《亨》通暢順利。

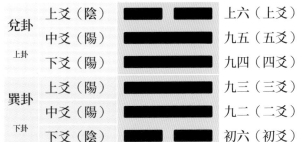

| 兌卦 上卦 | 上爻（陰） | | 上六（上爻） |
|---|---|---|---|
| | 中爻（陽） | | 九五（五爻） |
| | 下爻（陽） | | 九四（四爻） |
| 巽卦 下卦 | 上爻（陽） | | 九三（三爻） |
| | 中爻（陽） | | 九二（二爻） |
| | 下爻（陰） | | 初六（初爻） |

## 周易『六十四卦』吉凶禍福～斷解

# 周文王諭令

◆【運氣、願望、機會、交涉】：可能因為發生大過失，重大危險災難將至，一不小心可能會覆敗，唯有處變不驚，冷靜理性，審時度勢，抓住一線生機的關鍵，才能轉危為安。

◆【財運、買賣投資】：金錢的危險災難將至，投資因大過失發生大挫敗。

◆【商情、資金商借】：市道風險極大，避避難頭為妙。資金困窘，甚至瓦解。

◆【事業、開業、求職、考試】：事業面臨大災難，謹慎面對，明哲保身，展業挫敗，求職不成。考試碰上大難題，成積慘爆。

◆【轉行、遷移、旅行】：去處危險，凶多吉少。旅行小心有危險，最好能取消。

◆【戀愛、婚姻】：交往的對象，恐是危險人物。戀愛求婚，會失敗。感情會有大過失，恐造成分裂，注意危險的發生。

◆【健康、問壽】：健康面臨大災難，重症危急者，恐有不測。

◆【糾紛、訴訟】：面臨極大過失的糾紛災難，訴訟大敗，面臨危機。

◆【失物、尋人】：失物無法找回，人物已經遠走高飛，不知去處，或發生凶難，可往東方去尋找。

◆【問胎、應期、應位】：女胎。夏至中間日的前及後。東方。

# 第二九卦

## 坎為水

【卦辭】：「習坎，有孚，維心亨，行有尚。」

◆大大凶◆
得6分

第廿九卦坎為水 ䷜ 坎坷危難

【象】：水下有水，江洋水深，深不見底，危險漩渦，坎坷危難。

【數】：處暑末到白露初。北方。陽卦。

【理】：坎坷危難不得志，還是要遵行誠信，保持寬心，品行高尚。

### 蔡上機易經卦象塔羅圖解

第二九卦【坎為水】，『坎卦』（象水）在上，『坎卦』（象水）在下，相疊「成卦」。江洋水下有深水，深不見底，帶著危險的漩渦，象徵坎坷危險的災難，兩水交疊，稱為『水』卦，又稱為『坎』卦。

易經塔羅牌，一片汪洋大海，江洋水下有深水，深不見底，捲起極凶險的漩渦，一旦被捲入，必定滅頂。主人物即將被凶險的漩渦捲入，身陷坎坷危險的災難中，生死存亡關鍵。縱不被滅頂，但形同身處這般的坎坷環境，有志難伸！也意會水深漩渦勿近，面臨危險，且勿碰及，才能知險而不險！

### 蔡上機版的周易智慧哲學講述

人生運勢不佳時，總有可能會身陷坎坷或危險災難中。雖然有志難申，或危險在即。但還是要在坎坷危難的環境中，學習著飛翔，飛越坎坷危難，面臨這種環境，人心多半脆弱，但多大的胸襟，就有多大的世界，意志和信念，就是生存和奮力飛翔向上的動力。

此時，堅持信念，保持寬闊豁達的心胸，仍充滿人生的理想，並講究遵行信用，維繫高尚的品行，堅守一貫的原則，貧賤不能移，最終才有可能實現自己遠大的理想。

註：《習》學習。《坎》不平坦、坎坷危難。《孚》信用。《維》通惟字，思考。《心》意念。《亨》通暢，寬闊。《行》行為、品行。《尚》高出。

| | | | |
|---|---|---|---|
| 坎卦 | 上爻（陰） | ▬▬　▬▬ | 上六（上爻） |
| 上卦 | 中爻（陽） | ▬▬▬▬▬ | 九五（五爻） |
| | 下爻（陰） | ▬▬　▬▬ | 六四（四爻） |
| 坎卦 | 上爻（陰） | ▬▬　▬▬ | 六三（三爻） |
| 下卦 | 中爻（陽） | ▬▬▬▬▬ | 九二（二爻） |
| | 下爻（陰） | ▬▬　▬▬ | 初六（初爻） |

## 周易『六十四卦』吉凶禍福～斷解

# 周文王諭令

◆【運氣、願望、機會、交涉】：坎坷不得志、不順利、不如意，懷才不遇、有志難伸，且大凶危難之運將至，凡事遭敗。要忍耐且學習培養自己的實力，堅持信念，保持開闊的胸襟，以掙脫壞運勢。

◆【財運、買賣投資】：小心大有損失，投資挫敗。

◆【商情、資金商借】：市道坎坷危難在即，資金倒戈。

◆【事業、開業、求職、考試】：職場面臨凶事危急，開業求職會大敗，考試成積慘澹。

◆【轉行、遷移、旅行】：有凶象危險，且勿碰及。最好取消旅行，特別要注意，有水的地方，千萬不要去。

◆【戀愛、婚姻】：戀情對象，恐是危險人物，且勿接近。戀愛求婚，障礙多，坎坷難成。感情路上風波多，愛情的漩渦危難將至，小心面對，避免血光或受到嚴重的創傷。

◆【健康、問壽】：健康將現危難，重症危急者，恐有不測。

◆【糾紛、訴訟】：面臨糾紛的災難，身陷其中，訴訟大挫敗。

◆【失物、尋人】：失物已被偷走或遺失了，找不回來。人物會有危險，盡快去找回來，可往北方的水邊去尋找。

◆【問胎、應期、應位】：男胎。處暑末到白露初。北方。

# 第三十卦

## 離為火

【卦辭】：「離，利貞亨。畜牝牛，吉。」

平

得60分

【象】：火中有火，層層火焰，層層依附。火舌依附火心而生，如虛者附實。

【數】：雨水未到驚蟄初。南方。陰卦。

【理】：依附在有權力的地方，可獲取利益，但要堅守正道，才會亨通，既依附於人，就勿喧賓奪主，像母牛那般柔順，才會吉祥。

### 蔡上機易經卦象塔羅圖解

第三十卦【離為火】，兩個『離卦』（象火）相疊「成卦」。火裡有火，層層火焰，層層依附。火舌依附依賴著火心而生，如虛者附實者，弱者依附強者，兩火交疊，稱為『火』卦，又稱為『離』卦。

易經塔羅牌，一盆火為場景，火舌依附依賴著火心，燃燒伸展。一旁的大臣，雖貴為大臣，但還是皇帝臣子。有皇帝主子，才有自己的官位奉祿，大臣仍需要依附皇帝而生存，眼中要知有皇帝，並要懂得身段，行為恭敬順從。在皇帝心裡，自己還要有可被利用的價值，縱使有戰功，也不能功高震主，才會吉祥。

### 蔡上機版的周易智慧哲學講述

當自己的實力還不足，羽翼未豐，還沒有雄據一方的能力或機會、環境，甚至可能還會遇到困境。這時，先行依附在一個強而有力的集團或人士之下，就像胎盤與胎兒的關係，受其庇蔭護蔭，以求茁壯自己，是有必要的，也可因此而獲取利益。

但定要堅守正道，才會順利亨通，否則也可能被拔除。既是依附他人而生，『生存之道的哲學』就是要恭敬、順從，要懂得身段，清楚老闆老大是誰，要像母牛那般的柔順。縱有戰功，也要能屈能伸，懂得臥虎藏龍，千萬也不能功高震主，喧賓奪主或鋒芒畢露。同時，隨時要養成自己『有可被利用的價值』，這樣才會吉祥。

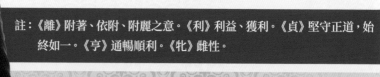

註：《離》附著、依附、附麗之意。《利》利益、獲利。《貞》堅守正道，始終如一。《亨》通暢順利。《牝》雌性。

| 離卦 上卦 | 上爻（陽） | ███████ | 上九（上爻） |
| | 中爻（陰） | ██ ██ | 六五（五爻） |
| | 下爻（陽） | ███████ | 九四（四爻） |
| 離卦 下卦 | 上爻（陽） | ███████ | 九三（三爻） |
| | 中爻（陰） | ██ ██ | 六二（二爻） |
| | 下爻（陽） | ███████ | 初九（初爻） |

## 周易『六十四卦』吉凶禍福～斷解

# 周文王諭令

◆【運氣、願望、機會、交涉】：必須依附依賴他人，靠人幫忙，才會成功。只要身段柔軟，有可被利用的價值，一切都會順利圓滿。

◆【財運、買賣投資】：靠貴人提拔關照幫忙，必有好財運，投資必須跟著主力進出，就會獲利。

◆【商情、資金商借】：市道要靠關係，有關係就有機會。放低身段，拿點實力出來，殷勤說服，資金必可到位。

◆【事業、開業、求職、考試】：跟好抓緊長官，會得到提拔。跟著大集團走加盟，創業可以成功。求職身段柔軟，與面試官對話，言行上懂得投其所好，會成功。請益成績好的人，或讀強勢補習機構的考題，成績會佳好。

◆【轉行、遷移、旅行】：有人帶領，轉行成功受關照。遷移要找人帶領，一切順利。旅行一定要跟團走，不能獨自行動，可保順利平安。

◆【戀愛、婚姻】：戀愛求婚，透過第三人推薦介紹，可以順利達成。感情關係建構在兩人未來的共同理想目標之下，幸福恩愛會加倍。

◆【健康、問壽】：健康要找名醫院或名醫診治，疾病才會回春。重症危急者，得求助於權威醫師急助，將可以挽回或穩住生命安全。

◆【糾紛、訴訟】：糾紛要靠貴人協調，可以圓滿協調解決。訴訟請求和解，可以平息。

◆【失物、尋人】：失物就依附在某樣東西之上，冷靜去找，可找到。人物跟著有影響力的走，或者被誘騙而離家，可往南方去找。

◆【問胎、應期、應位】：女胎。雨水末到驚蟄初。南方。

# 第三一卦

## 澤山咸

【卦辭】：「咸，亨，利貞，取女吉。」

上吉

得90分

第卅一卦澤山咸　陰陽交合

【象】：高山上有低窪之澤，澤水填窪，凹凸相合，陰陽兩氣相通，如心相印，男女交合。

【數】：秋分中間日的前及後。西方。陽卦。

【理】：男女相合交合，真情真愛，順情合理合意者，才會順利而有將來，所結合的人要純潔，才會吉祥。

### 蔡上機易經卦象塔羅圖解

第三一卦【澤山咸】，『兌卦』（象澤）在上，『艮卦』（象山）在下，相疊「咸卦」。高山上窪地沼澤，澤水填在低窪處，凹凸相合，陰陽兩氣相通，如男女間心心相印，兩情相悅，相互交合，稱為『咸』卦。

易經塔羅牌，在高山上，有個低窪的沼澤，是高山（凸）之凹，乃凸中之凹，低窪（凹）的沼澤，有著滿滿澤水，乃凹中之凸。山上的沼澤，凹凸相合，陰陽兩氣相通，如男女間愛情心心相印，兩情相悅，相互交合。主人物男女方，赤裸身體，在高山的澤水中，情投意合，如魚得水，恩愛纏綿，很自然的相交。上空的蝴蝶相互接吻，更呼應場景與人物的相合。

### 蔡上機版的周易智慧哲學講述

男女交合（性愛關係）這種事要情投意合、兩情相悅、順情合理，守正道，才是好事，令人愉悅舒暢，且有利兩人結合後關係的順暢。娶未婚女子為妻（意指，結合者為清白純正之人且兩情相悅），光明正大，明媒正娶，而非強娶豪奪、私通姦情、苟且苟合，才會吉祥。

此意，無論愛情或任何人事的結合，都要心甘情願且純潔，才會圓滿如意，就像清白純潔、兩情相悅的性關係。如果結合這件事，就像是被威脅強迫利誘的性侵，或違反倫理道德的性關係，將遭唾棄，會帶來災難。

註：《咸》男女相交相合。《亨》通暢。《利》利益。《貞》堅守正道，始終如一。《取》同「娶」結合者。《女》未婚女子，清白之人。

| 兌卦 上卦 | 上爻（陰） | | 上六（上爻） |
| | 中爻（陽） | | 九五（五爻） |
| | 下爻（陽） | | 九四（四爻） |
| 艮卦 下卦 | 上爻（陽） | | 九三（三爻） |
| | 中爻（陰） | | 六二（二爻） |
| | 下爻（陰） | | 初六（初爻） |

## 周易『六十四卦』吉凶禍福～斷解

# 周文王諭令

◆【運氣、願望、機會、交涉】：運勢正好正熱，機會恰到好處，願望達成，交涉成功，萬事如意，非常順遂。

◆【財運、買賣投資】：財運大好，左右逢源。買賣交易順利，大發利市。

◆【商情、資金商借】：市道大好，就像量身定做而來的。資金附合而來者眾多，非常順利。

◆【事業、開業、求職、考試】：職場志同道合者，聯袂合作發展，順利如意，開業成功順遂。求職順利，一拍即合。考題幾呼都是準備的，成績非常佳。

◆【轉行、遷移、旅行】：有人招手，轉行吉祥如意。遷移出行開心歡喜，人事相合。

◆【戀愛、婚姻】：戀愛一見鍾情，求婚會成功，是好良緣。感情關係情投意合、兩情相悅。

◆【健康、問壽】：健康大有好轉，重症危急者，將迅速好轉。

◆【糾紛、訴訟】：糾紛握手言和，化敵為友。訴訟圓滿達成和解，轉凶為吉。

◆【失物、尋人】：失物跟某個東西混在一塊，人物因感情桃色關係而失聯，不久將可以找到，可往西方去尋找。

◆【問胎、應期、應位】：男胎。秋分中間日的前及後。西方。

# 第三二卦

## 雷風恆

【卦辭】：「恆，亨，無咎，利貞，利有攸往。」

小吉

得65分

第卅二卦雷風恆 ䷟ 持之以恆

【象】：雷因氣流撞擊而生，氣流不斷，雷電就永恆不滅，如四季永恆之運轉。

【數】：小暑初到小暑中間日。東方。陰卦。

【理】：做事有恆心，才會順利亨通，如此雖是不會錯的，但要堅守正道才會有利，且有利於所做的一切事。

### 蔡上機易經卦象塔羅圖解

第三二卦【雷風恆】，『震卦』（象雷）在上，『巽卦』（象風）在下，相疊「成卦」。雷電的產生，是因氣流（風）撞擊而生，只要帶電的氣流，不斷的在產生，雷電的發生，就永恆不滅。彼此的關係，如同四季的永恆運轉，稱為『恆』卦。

易經塔羅牌，戶外的場景，雷受風生，風生雷起，永恆持續不止。就像閱歷人生世事，老神在在，有耐心恆心的老朽一樣。主人物老朽的手，摸著地球儀，一面的體悟著，天地四季「春、夏、秋、冬」永恆的運轉，周而復始，生生不息的持之以恆的道理，呼應著雷風關係的永恆之道。

### 蔡上機版的周易智慧哲學講述

舉凡做事，要抱持恆心，秉持著持之以恆的態度，化做行為去實踐，才會順利通達，這樣的做事態度和行為，雖然肯定是不會錯的，但恆心也是要建構在堅守正道的條件下，最終才會有利，同時也有利於所做的一切事情。意指，恆心的態度行為，雖然是不會錯的，但恆心是不能使用於行惡做壞的。

註：《恆》永久、持久、經常、平常。《亨》通暢順利。《咎》過失，災禍。《利》利益、獲利。《貞》堅守正道，始終如一。《攸》所。

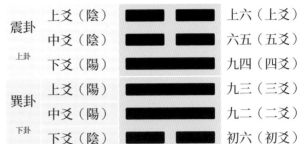

| 震卦 上卦 | 上爻（陰） | | 上六（上爻） |
|---|---|---|---|
| | 中爻（陰） | | 六五（五爻） |
| | 下爻（陽） | | 九四（四爻） |
| 巽卦 下卦 | 上爻（陽） | | 九三（三爻） |
| | 中爻（陽） | | 九二（二爻） |
| | 下爻（陰） | | 初六（初爻） |

## 周易『六十四卦』吉凶禍福～斷解

# 周文王諭令

◆【運氣、願望、機會、交涉】：只要有恆心的態度和行為去做事，持之以恆的堅持下去，一定會成功達成理想的。

◆【財運、買賣投資】：要有恆心耐心的堅持下去，財運就會到來。投資需要時間，有恆的等待，就會收成。

◆【商情、資金商借】：有恆心耐心的堅持下去，有利的市道就會浮現。資金需要點時間，並有恆心的去張羅，就會慢慢到位。

◆【事業、開業、求職、考試】：職場事業上，是需要恆心和時間的堅持，才會有好事。開業或求職，都需要花點時間精神去準備，才會有好結果。持續努力耕耘，考試成績會起色。

◆【轉行、遷移、旅行】：先維持現狀，堅持一點，狀況會轉好。保持一貫的心情，旅行可以順利。

◆【戀愛、婚姻】：戀愛求婚，都需要花點心思，運作一些時日，才會成功。感情關係需要持之以恆的經營，溫度會慢慢昇華。

◆【健康、問壽】：健康需要長期保養維持，才會轉好。重症危急者，先不要放棄，要堅持維生度過危險期，才有機會脫離死劫。

◆【糾紛、訴訟】：需要點時間去化解，訴訟一時間還無解，堅持努力下去，會出現契機。

◆【失物、尋人】：失物就遺忘在屋內，要花點時間，有耐心的去找，人物尋找相當費時，但堅持下去，還是可以找到，可往東方去尋找。

◆【問胎、應期、應位】：女胎。小暑初到小暑中間日。東方。

# 第三三卦

## 天山遯

【卦辭】：「遯，亨，小利貞。」

平下

得45分

第卅三卦 天山遯 ䷠ 退後隱遁

【象】： 遠避天邊山林裡，退讓隱遁，避凶即求吉。

【數】： 秋分日到秋分初。西北方。陽卦。

【理】： 當有必要選擇隱藏退讓時，是可避開禍事的，而得到順利亨通。堅守正道，還是會有小利益的。

## 蔡上機易經卦象塔羅圖解

第三三卦【天山遯】，『乾卦』（象天）在上，『艮卦』（象山）在下，相疊「成卦」。離是非地，遠避天邊山林裡，以退讓隱遁的方式，擺脫化解凶事纏身，避凶等於求吉，稱為『遯』卦。

易經塔羅牌，主人物是位閱歷豐富的老朽，人生進退應對，非常有智慧，當身處是非地，無能作為，又要擺脫是非纏身，就是遠避是非地，明哲保身。遂隱身在高山的山林裡，以此場景，意會躲藏遮掩退讓。放開胸懷，搖著涼扇，若無其事唸著經書，充實智慧及行為能力，待能有所作為時，更有作為之能力。

## 蔡上機版的周易智慧哲學講述

人生有得必有失，有進必有退，當在不利的環境，身處是非地，或蒙難於災禍，危險之時，卻是無力可作為。為不受其害，明哲保身，必要時，要懂得放下捨去。暫時選擇或藉以『退讓、閃躲、隱避』來逃離災禍，或許會覺得可惜或失去利益。但怕失去或可惜利益，捨不得『退讓閃躲隱避』，恐難避開覆亡或傷害的風險。懂得隱遁者，又能堅守正道，除可躲過災禍，還是有機會維持一些小利益。

相對的，當自己處於顛峰，為避鋒芒畢露，招人妒忌，盛極防衰，也要懂得韜光養晦，主動的隱飾自己一下。也是一種通達的智慧，知進退者為明智之人，反倒能活得更久。

註：《遯》通「遁」，逃，隱去。《亨》通暢順利。《利》利益、獲利。《貞》堅守正道，始終如一。

| | | | |
|---|---|---|---|
| 乾卦 上卦 | 上爻（陽） | ▬▬▬ | 上九（上爻） |
| | 中爻（陽） | ▬▬▬ | 九五（五爻） |
| | 下爻（陽） | ▬▬▬ | 九四（四爻） |
| 艮卦 下卦 | 上爻（陽） | ▬▬▬ | 九三（三爻） |
| | 中爻（陰） | ▬▬ ▬▬ | 六二（二爻） |
| | 下爻（陰） | ▬▬ ▬▬ | 初六（初爻） |

## 周易『六十四卦』吉凶禍福～斷解

# 周文王諭令

◆【運氣、願望、機會、交涉】：凡事沒有成功的機會，願望難成，同時運氣衰退，現狀不利，須要暫時隱避，以躲過災禍。

◆【財運、買賣投資】：財運不利，要保守，退守為上，迴避投出資金，否則會有虧損。

◆【商情、資金商借】：市道不利，沒法作為，資金退卻，沒能到位。

◆【事業、開業、求職、考試】：職場不利，展業不佳，謀職難成，考運不利，成績差。

◆【轉行、遷移、旅行】：動則不利，暫緩變動。旅行過程，不順利，最好取消。

◆【戀愛、婚姻】：戀愛求婚，將有不利事件發生，強行不會有好結果，暫緩可避災禍。感情關係有凶狀，要避開爭執鋒頭。

◆【健康、問壽】：健康不利，要趕緊休息求醫。重症危急者，如無緊急措施，恐會危及生命。

◆【糾紛、訴訟】：糾紛當前，將有不利，退讓規避，躲開災禍。訴訟不利，求和有助化解凶險。

◆【失物、尋人】：失物被人拿走了，難找回。人物因為躲鋒頭隱遁起來，下落不明難尋。可往西北方尋找。

◆【問胎、應期、應位】：男胎。秋分日到秋分初。西北方。

# 第三四卦

## 雷天大壯

【卦辭】：「大壯，利貞。」

上上吉
得95分

第卅四卦雷天大壯 盛世時期

【象】：雷天大響，如鼓震天，聲勢浩大，強壯盛世之時。

【數】：小滿中間日到小滿末。西南方。陽卦。

【理】：在強盛的時期，堅守正道，是絕對有利的。

### 蔡上機易經卦象塔羅圖解

第三四卦【雷天大壯】，『震卦』（象雷）在上，『乾卦』（象天）在下，相疊「成卦」。雷聲在天上大響，如鼓震天，響徹雲霄，聲勢浩大，震動天地，其勢如強壯盛世之時，稱為『大壯』卦。

易經塔羅牌，場景是天之上，轟隆的打著雷，猶如鼓聲震天，聲勢浩大，無可抵擋的勢態。主人物，是位兵馬大元帥，受兵強馬壯的三軍將士，呼喊擁護。一旁的士兵，擊起大鼓，轟隆的鼓聲，如雷聲震天，呼應盛世之時。

### 蔡上機版的周易智慧哲學講述

在很強旺盛世的時期，擁有強大的勢力、權力、影響力，乃至擁有於統治權。最怕的事，就是換了位置後，就換了腦袋，當在享有權力的盛世之時，就忘了初衷。只知道用權力、統治權，我行我素、為所欲為的做出無理、驕縱、狂野、蠻橫、霸道、獨裁、專制的行為，或有恃無恐的胡作非為。將會導致人心背離失去，或受人心反撲反抗反制，而使自己開始衰弱下來。所以，舉凡處於在盛世時期，謹遵及堅守正道，並始終如一，才是絕對有利的。

註：《壯》健壯，雄壯，強盛。《利》利益、獲利。《貞》堅守正道，始終如一。

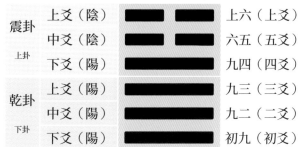

| 震卦 | 上爻（陰） | | 上六（上爻） |
|---|---|---|---|
| 上卦 | 中爻（陰） | | 六五（五爻） |
| | 下爻（陽） | | 九四（四爻） |
| 乾卦 | 上爻（陽） | | 九三（三爻） |
| 下卦 | 中爻（陽） | | 九二（二爻） |
| | 下爻（陽） | | 初九（初爻） |

## 周易『六十四卦』吉凶禍福～斷解

# 周文王諭令

◆【運氣、願望、機會、交涉】：運氣非常旺盛，機會大好，願望理想交涉可成，雖旺盛，但要避免驕縱高傲，以防衰敗。

◆【財運、買賣投資】：財運大好，大獲利益。

◆【商情、資金商借】：市道正旺，有利可圖。資金豐盛，錦上添花。

◆【事業、開業、求職、考試】：職場發達，事業大展宏圖。展業大成功，求職得利。考試成績大好。

◆【轉行、遷移、旅行】：轉行順利，大有作為。異動吉祥，旅途中言行不要太過份，以免樂極生悲。

◆【戀愛、婚姻】：身價看漲，眾人矚目，戀愛求婚大成功。感情堅守彼此，始終如一，將會大躍進，來到最恩愛幸福美滿的頂點。

◆【健康、問壽】：健康大有躍進，快速轉好。重症危急者，脫離死劫，起死回生。

◆【糾紛、訴訟】：有絕對壓倒性的好運，占盡上風，贏得獲勝。

◆【失物、尋人】：失物可以在困難中找回，人物有遠走高飛，或活躍於他處的現象，可往西南方尋找。

◆【問胎、應期、應位】：男胎。小滿中間日到小滿末。西南方。

# 第三五卦

## 火地晉

【卦辭】：「晉，康侯用錫馬蕃庶，晝日三接。」

◆上吉◆
得90分

第卅五卦 火地晉 晉升榮耀

【象】：太陽平地起，旭日東昇，晉升榮耀。
【數】：立冬末到小雪初。西北方。陰卦。
【理】：受重用晉升，會得到許多的賞賜封誥，甚至會很頻繁。

### 蔡上機易經卦象塔羅圖解

第三五卦【火地晉】，『離卦』（象火）在上，『坤卦』（象地）在下，相疊「成卦」。太陽如火，從平地昇起，如旭日東昇一般，就像晉級高升，更上一層樓，享有榮耀，稱為『晉』卦。

易經塔羅牌，太陽已從平地升起，猶如事業晉升，好運好事上升。內衛太監等人，帶著皇帝的聖旨，來到主人物的家宅院前，登上台階之上，宣讀聖旨。欽賜主人物官位高昇，並賜予官袍官帽，晉升榮耀。

### 蔡上機版的周易智慧哲學講述

當你具備著『可被利用的價值』，君王（老闆）需要借重利用於你的才幹，就有機會可以受到君王的寵信，倍受重用，晉升諸侯（賦予權力地位），同時君王為了籠絡於你，會給你許多各式各樣的賞賜，如果你的價值條件大好，擁有極大戰功，君王更是不能沒有你，可能一天之中，就會接到君王好幾次的賜禮（意指，經常受到加冕封賜餽贈）。

意指，有絕對價值之人，必受絕對之重用，賦予絕對之權力，受封贈絕對之物質，關鍵是在『有絕對之價值』。意會，擁有可被利用的價值的重要性。

註：《晉》晉升，進取。《康》平安、安樂，受寵信。《侯》古代爵位的第二等。《錫》同賜。《馬》珍貴物品。《蕃》茂盛。《庶》眾多。《晝日》一日（短時間內）。《三》多次。《接》接受，接到。

| | | | | |
|---|---|---|---|---|
| 離卦 | 上爻（陽） | ▬▬▬▬ | 上九（上爻） |
| 上卦 | 中爻（陰） | ▬▬ ▬▬ | 六五（五爻） |
| | 下爻（陽） | ▬▬▬▬ | 九四（四爻） |
| 坤卦 | 上爻（陰） | ▬▬ ▬▬ | 六三（三爻） |
| 下卦 | 中爻（陰） | ▬▬ ▬▬ | 六二（二爻） |
| | 下爻（陰） | ▬▬ ▬▬ | 初六（初爻） |

## 周易『六十四卦』吉凶禍福～斷解

# 周文王諭令

◆【運氣、願望、機會、交涉】：運氣大升，機會大好，願望理想可成，交涉達成，願景大有作為。

◆【財運、買賣投資】：財運興旺，投資大有獲益。

◆【商情、資金商借】：市道看好，春風得意，資金湧來豐盛有餘。

◆【事業、開業、求職、考試】：職場高昇，事業榮耀，開業發達，求職可成，賦予重任，成績大好。

◆【轉行、遷移、旅行】：轉行順利看好，遷移可行吉祥如意，出行順遂。

◆【戀愛、婚姻】：你在對方心裡面，擁有重要地位，戀愛求婚會成功。感情上升，大吉大利，順利圓滿。

◆【健康、問壽】：健康大有提升，快速好轉。重症危急者，脫離危險，轉危為安。

◆【糾紛、訴訟】：糾紛訴訟得勢，占盡上風，大有獲勝。

◆【失物、尋人】：失物很快會找到，人物有遠走高飛之象，或於某處享有權力，不久可知下落，可往西北方尋找。

◆【問胎、應期、應位】：女胎。立冬末到小雪初。西北方。

# 第三六卦

## 地火明夷

【卦辭】：「明夷，利艱貞。」

◄大凶►

得11分

第卅六卦 地火明夷 正氣受創

【象】：地下受高溫熔裂，地面燒紅龜裂繃開，如正氣光明大受創傷。

【數】：立春日到立春初。北方。陰卦。

【理】：光明磊落又受傷害打擊，在此艱難時刻，依舊堅守正道，才是有利的。

## 蔡上機易經卦象塔羅圖解

第三六卦【地火明夷】，『坤卦』（象地）在上，『離卦』（象火）在下，相疊「成卦」。地下受高溫（火）的熔裂，地面被燒紅龜裂崩開，大地受損傷，像光明正氣大受創傷（夷），稱為『明夷』卦。

易經塔羅牌，官府衙門的場景，地面受地下高溫（火）的熔裂，地面被燒紅並出現崩裂，衙府裡象徵權威不可冒犯的『威武、肅靜』牌誌東倒西歪，而且最重要的精神象徵『正大光明』的牌匾，也歪斜掉落。以上場景，意會官衙公署的光明正氣與威嚴，已經受到強烈的破壞與創傷，但主人物仍是力挽狂瀾，坐鎮中堂，拿起驚堂擊震案桌，對抗邪惡。

## 蔡上機版的周易智慧哲學講述

正大光明又磊落的做事，卻又受到傷害、迫害與打擊，總讓正義之士感到無力感，義憤填膺。這在正邪對立的環境下，是必然會發生的事件，要先能有此的認知和智慧，才能運用善於變化的智謀，去防備、應付、對抗邪惡。

當面臨此種的艱難時刻，千萬不要因為受挫折或打擊，動搖了自己的操守。依舊是要堅守正道且始終如一，不屈服歸順在邪惡之下，不與邪惡苟合同流合汙，才是有利的。

註：《明》光明，正氣。《夷》同「痍」字，創傷。《利》利益、獲利。《貞》堅守正道，始終如一。

| 坤卦 上卦 | 上爻（陰） | ▆▆ ▆▆ | 上六（上爻） |
|---|---|---|---|
| | 中爻（陰） | ▆▆ ▆▆ | 六五（五爻） |
| | 下爻（陰） | ▆▆ ▆▆ | 六四（四爻） |
| 離卦 下卦 | 上爻（陽） | ▆▆▆▆ | 九三（三爻） |
| | 中爻（陰） | ▆▆ ▆▆ | 六二（二爻） |
| | 下爻（陽） | ▆▆▆▆ | 初九（初爻） |

## 周易『六十四卦』吉凶禍福～斷解

# 周文王諭令

◆【運氣、願望、機會、交涉】：是災難的到來，將轉入艱難之運，受到迫害創傷，機會願望理想與交涉，皆會大挫敗。

◆【財運、買賣投資】：金錢利益大有損傷，被侵吞或迫害，投資大敗。

◆【商情、資金商借】：市道危險，生存空間被迫害，資金被瓦解，一敗塗地。

◆【事業、開業、求職、考試】：職場大凶，恐被鬥爭垮台，遭逢迫害，展業大敗，求職無望，去則有凶，考試成績慘敗。

◆【轉行、遷移、旅行】：轉行遷移都將大難臨頭，旅行途中會發生意外，最好能取消。

◆【戀愛、婚姻】：戀愛求婚被破壞或生變，障礙多多，不會成功，或小心遇到邪惡對象。感情關係出現對立及挑戰，恐會出現決裂。

◆【健康、問壽】：健康出現浩劫，重症危急者，會有生命危險。

◆【糾紛、訴訟】：受到威脅、迫害、加害，面臨危險。正氣不再，奸邪當道，訴訟將敗。

◆【失物、尋人】：失物已被破壞、支解或毀滅，無法完整找回，人物恐發生危險，短期間沒出現，就是遇害，或是不會再出現，可往北方尋找。

◆【問胎、應期、應位】：女胎。立春日到立春初。北方。

# 第三七卦

## 風火家人

【卦辭】：「家人，利女貞。」

上吉
得81分

司命灶君

第卅七卦風火家人☴☲治家之道

【象】：添柴搧風升火炊食，一家人同心協力，如
　　　風助火勢般的目標一致。

【數】：雨水初到雨水中間日。東南方。陰卦。

【理】：一家人中，主持內政者有操守行正道，家
　　　人同心協力，家就會安寧得利。

## 蔡上機易經卦象塔羅圖解

　　第三七卦【風火家人】，『巽卦』（象風）在上，『離卦』（象火）在下，相疊「成卦」。家人同心協力，分工合作，目標一致，有的添柴、搧風升火、炊食，彼此團結的關係，猶如風助火勢般的燃燒，家人合作完成炊煮，稱為『家人』卦。

　　易經塔羅牌，廚房的場景，母親在炊煮食物，孩兒們一起幫忙，有的拿柴添柴火，有的搧風生火，一家人彼此分工合作，團結一致，達成目標。風助火生，就是一家人團結的力量。

## 蔡上機版的周易智慧哲學講述

　　家是家人共同生活的場所，彼此群聚，像生命共同體，家和萬事興。家人或一個團體、集團、機構，有『家人』的共同信念，目標一致，分工合作團結，一起奮力達成目標，成果就會快速巨大，所以『家人』的理念信念和態度，是非常要的。

　　同時，在一家人或一個團體集團機構之中，主持內政的妻子（帶頭的人）是最重要的，要有操守行正道，才會受人信服尊敬，一家人才會有凝聚力、同心協力，創造共榮共享，這個家或團體、集團、機構，就會安寧得利。等同道理，一家人或一個團體集團機構的帶頭者，要去教育灌輸所有的成員，有『家人』的理念信念和態度，才會團結興旺。

註：《家》家庭、家人、一家人。《利》利益、獲利。《女》主持內政的妻子。
《貞》堅守正道，始終如一。

| 巽卦 上卦 | 上爻（陽） | ██████ | 上九（上爻） |
|---|---|---|---|
| | 中爻（陽） | ██████ | 九五（五爻） |
| | 下爻（陰） | ██ ██ | 六四（四爻） |
| 離卦 下卦 | 上爻（陽） | ██████ | 九三（三爻） |
| | 中爻（陰） | ██ ██ | 六二（二爻） |
| | 下爻（陽） | ██████ | 初九（初爻） |

## 周易『六十四卦』吉凶禍福～斷解

# 周文王諭令

◆【運氣、願望、機會、交涉】：機會到來，貴人相助，團結合作，欣欣向榮，大吉大利之運勢，願望可成，交涉圓滿。

◆【財運、買賣投資】：有合作的貴人幫忙，完成共同的利益，買賣互惠互利，利益加大。

◆【商情、資金商借】：市道很好，有共同目標的合作對象，共創利益，合作資金團結而進。

◆【事業、開業、求職、考試】：職場合作共生關係力量大，順利如意，創造利益。開業展業，股東合作或合併，有利可圖，求職得貴人幫助。考試共讀，成績好。

◆【轉行、遷移、旅行】：有人對接，轉行遷移，吉祥如意。一家人一起旅行，同行較佳。

◆【戀愛、婚姻】：戀愛求婚，靠人幫忙，可以成功。感情關係，就像家人，順利圓滿。

◆【健康、問壽】：健康可得貴人照料而安好，重症危急者，出現貴人，轉危為安。

◆【糾紛、訴訟】：糾紛得和解，訴訟可以圓滿。

◆【失物、尋人】：失物被遺忘在屋內，大家起找，很快可找到。人物就藏在附近，眾人找尋，可以找到，可往東南方去尋找。

◆【問胎、應期、應位】：女胎。雨水初到雨水中間日。東南方。

# 第三八卦

## 火澤睽

【卦辭】：「睽，小事吉。」

小凶
得35分

第卅八卦 火澤睽 睽違失和

【象】：火在澤水上，濕火難以燎原，背道而馳，睽違失和。

【數】：清明末到穀雨初。東北方。陰卦。

【理】：相違失和之時，只能在小事上合作，才會吉祥平安。

### 蔡上機易經卦象塔羅圖解

　　第三八卦【火澤睽】，『離卦』（象火）在上，『兌卦』（象澤）在下，相疊「成卦」。火在澤水上燃燒，濕火是難以燎原，也是一種背道而馳的現像，彼此之間是睽違失和的，稱為『睽』卦。

　　易經塔羅牌，澤水上出現，一盞微弱的小火，這樣的環境，沒有火種火源，是無法讓微弱的小火，燎原起來的，甚至很快會熄滅的，所以將火放在澤水之上，是一種背道而馳，睽違失和的現像。主人物駕著一輛馬車，卻是一駕雙頭的馬車，馬往反方向各自奔馳，是一種背道而馳、睽違失和的現像，馬車除了無法前進之外，還會因此而撕裂，呼應澤上之火，背道而馳、睽違失和的現像。

### 蔡上機版的周易智慧哲學講述

　　合作共事，要有共識，共同目標和利益，合作才會得力，力量才會大於彼此相加的二。如果共事關係，一但相互違背，彼此只會失和而互相牽制、制衡、束縛，不會創造有利的。意會，相違失和，行動不一致，甚至背道而馳，這樣的關係，是不能勉強合作的。

　　但現實上，雙方如得需一起共事，則不能合作大事，只可在一些小事情上合作，才能吉祥平安，否則最後還是會面臨分裂的命運。

註：《睽》違背、不合。

| 離卦 | 上爻（陽） | | 上九（上爻） |
|---|---|---|---|
| 上卦 | 中爻（陰） | | 六五（五爻） |
| | 下爻（陽） | | 九四（四爻） |
| 兌卦 | 上爻（陰） | | 六三（三爻） |
| 下卦 | 中爻（陽） | | 九二（二爻） |
| | 下爻（陽） | | 初九（初爻） |

## 周易『六十四卦』吉凶禍福～斷解

# 周文王諭令

◆【運氣、願望、機會、交涉】：時機不對，運氣不通，事事不如意，背道而馳，經常碰到相反或反對的意見，難以達成協議，同時容易與人發生爭執糾紛。

◆【財運、買賣投資】：逆境出現，財運挫敗，投資虧損。

◆【商情、資金商借】：市道走反，非常不利，生存困難，資金窘困。

◆【事業、開業、求職、考試】：職場對立阻境多，處處刁難。開業求職難成，考題都是沒準備的，或者答錯題，成績差爆。

◆【轉行、遷移、旅行】：轉行遷移不利，身陷困境。出行發生阻障，最好取消。

◆【戀愛、婚姻】：戀愛求婚受阻，不會成功。感情關係，出現性格不和，經常搞對立。

◆【健康、問壽】：健康陷入困境，重症危急者，情況加重，極度危險。

◆【糾紛、訴訟】：糾紛對立嚴重，越演越烈，沒有和解的機會，訴訟面臨困境。

◆【失物、尋人】：失物找不回來了，人物因為失和，或發生口角、磨擦，憤而離家，不易尋找，可往東北方去尋找。

◆【問胎、應期、應位】：女胎。清明末到穀雨初。東北方。

# 第三九卦

## 水山蹇

【卦辭】:「蹇,利西南,不利東北。利見大人,貞吉。」

◆大大凶◆
得10分

【象】:窮山惡水,驚險瀑布,身處困境,危機重重,攀險跛腳而回。

【數】:寒露未到霜降初。西方。陽卦。

【理】:陷入困境艱難之時,要求助有利的人事物,勿背道而馳。尋求有權勢的關鍵人物,才會有利,但仍要堅守正道,才會吉祥。

### 蔡上機易經卦象塔羅圖解

第三九卦【水山蹇】,『坎卦』(象水)在上,『艮卦』(象山)在下,相疊「成卦」。窮山惡水的地方,惡水來自高山上的驚險瀑布,非常危險容易遇難,身處這種環境,如進困境中,危機重重。在攀險中,一旦失足,重則粉身碎骨,輕則跛腳而回,稱為『蹇』卦。

易經塔羅牌,窮山惡水來自高山上的驚險瀑布,四周環繞懸崖峭壁,到處坍方落石,像是龍潭虎穴的險境。主人物進到窮山惡水危險的環境攀爬,像拿生命搏鬥,如不是掉落懸崖,摔的粉身碎骨,就是被落石擊中,受傷跛腳而回。

### 蔡上機版的周易智慧哲學講述

前途陷入艱困的環境,要很理性冷靜思考,有利的方向在哪,誰可營救得了你,要走對方向、找對人,就是擁有營救(權力)得了你的人,才會有利。如走反了,會不利。為尋找營救的力量,是要「堅守正道,始終如一」才會吉祥。

西伯侯被紂王囚禁「羑里」,救得了他的,是羑里「西南」方的「朝歌」(紂的王城)紂王身邊的寵臣,陷害西伯侯入獄的人。解鈴還需繫鈴人,陷害西伯侯的人,相對也是可幫他解罪的關鍵人。意指人的腦筋思維要有曲線迂迴變通的智慧,往往為了求生,情非得已,還是要暫放下情緒、壓抑仇恨,反過來去求助加害你的人,幫你解罪。或你有本事,用計謀去加害,加害你的人,加害你的那件事,以害制害、以害解害,但關鍵還是在那個加害你的人物身上。

註:《蹇》跛行,艱難困苦。《西南》紂的王城「朝歌」在「羑里」(西伯侯受囚之地)西南方,象徵權力地位,有利的地方。《東北》紂王城「朝歌」的反方向,象徵遠離權力地位。《大人》有權利地位的人。

| | | | |
|---|---|---|---|
| 坎卦 上卦 | 上爻（陰） | ▬▬ ▬▬ | 上六（上爻） |
| | 中爻（陽） | ▬▬▬▬▬ | 九五（五爻） |
| | 下爻（陰） | ▬▬ ▬▬ | 六四（四爻） |
| 艮卦 下卦 | 上爻（陽） | ▬▬▬▬▬ | 九三（三爻） |
| | 中爻（陰） | ▬▬ ▬▬ | 六二（二爻） |
| | 下爻（陰） | ▬▬ ▬▬ | 初六（初爻） |

## 周易『六十四卦』吉凶禍福～斷解

# 周文王諭令

◆【運氣、願望、機會、交涉】：大難將至，小心被人陷害，欲加之罪、何患無辭，陷入困境。凡事難成，沒有機會，交涉失敗。

◆【財運、買賣投資】：財運大有損傷，投資大敗。

◆【商情、資金籌借】：市道艱困，極度不利，資金瓦解短缺。

◆【事業、開業、求職、考試】：職場面臨凶險，恐會落難。開業大敗，求職沒希望。考運特差，成績大敗。

◆【轉行、遷移、旅行】：去處必有凶難危機，暫時不要異動。旅行中途，容易生災禍，最好避開。

◆【戀愛、婚姻】：戀愛求婚，遇到大挫敗，小心被人陷害。關情關係，面臨空前的危機，小心流血事件。

◆【健康、問壽】：健康有大災難，重症危急者，恐會不測。

◆【糾紛、訴訟】：遭逢陷害，面臨重大糾紛，深受其害，訴訟大挫敗。

◆【失物、尋人】：失物可能遭受損害，難以完整找回。人物窮困潦倒而離家出走，或者遭遇危險不測，短期沒找到，將難找回，可以往西方去尋找。

◆【問胎、應期、應位】：男胎。寒露末到霜降初。西方。

# 第四十卦

## 雷水解

【卦辭】：「解，利西南，無所往，其來復吉。有攸往，夙吉。」

小吉

得65分

第四十卦雷水解　解脫困境

【象】：雷起雨下，雨後天晴，曙光乍現，歹事得解。

【數】：處暑初到處暑中間日。東方。陽卦。

【理】：要脫離困境，要往有利的方向去做。如沒機會前去，從有利的方向，也可傳來有利的訊息。如能求助有利的方向，要火速及早進行，以免夜長夢多，才是吉利的。

## 蔡上機易經卦象塔羅圖解

第四十卦【雷水解】，『震卦』（象雷）在上，『坎卦』（象水）在下，相疊「成卦」。天上打雷，烏雲雨下，雨後烏雲消散，天放晴，曙光乍現，所以雷起雨下，即解烏雲，歹事得解，稱為『解』卦。

易經塔羅牌，天上烏雲密佈，在雷聲響起之時，也是烏雲化成雨水而落下，烏雲也將會逐漸消去解除，開始放晴而陽光普照。主人物也可以解下斗笠和蓑衣（雨帽雨衣），表示烏雲已解，進入放晴，意指歹事將可解除，困境得以解脫。

## 蔡上機版的周易智慧哲學講述

解脫困境，要走對方向、找對人，就是擁有營救（權力）得了你的人。西伯侯當時被商紂王囚禁羑里，能救得了他的，也就是西南方「朝歌」商紂王身邊的寵臣（加害西伯侯的人）。

如受阻或沒有機會、不方便前去求助，也可改由透過第三管道，去接觸這關鍵人，進行溝通。從這渠道，也可傳遞有利於的訊息溝通，求得有利消息。同時，能掌握這個渠道，幫助得到解困脫身，要及早火速進行，生死關鍵一瞬間，以免夜長夢多生變，才是吉利的。

註：《解》排除、解除。《西南》紂的王城「朝歌」在「羑里」（西伯侯受囚之地）的西南方，象徵權力地位，有利的地方。《夙》早晨。

| 震卦 | 上爻（陰） | ▬▬ ▬▬ | 上六（上爻） |
|---|---|---|---|
| 上卦 | 中爻（陰） | ▬▬ ▬▬ | 六五（五爻） |
| | 下爻（陽） | ▬▬▬▬▬ | 九四（四爻） |
| 坎卦 | 上爻（陰） | ▬▬ ▬▬ | 六三（三爻） |
| 下卦 | 中爻（陽） | ▬▬▬▬▬ | 九二（二爻） |
| | 下爻（陰） | ▬▬ ▬▬ | 初六（初爻） |

## 周易『六十四卦』吉凶禍福～斷解

# 周文王諭令

◆ 【運氣、願望、機會、交涉】：守得雲開見明月，厄運遠去，曙光乍現，運氣將會逐漸轉好，及時把握良機，交涉可成，願望有機會實現。

◆ 【財運、買賣投資】：財運轉好，準備求取獲利，買賣好運到來。

◆ 【商情、資金商借】：市道逐漸明朗，契機隱約出現，趕緊掌握，資金逐漸到位。

◆ 【事業、開業、求職、考試】：職場轉凶為吉，好運才要開始。開業求職好運的機會到來，成績逐漸轉好。

◆ 【轉行、遷移、旅行】：機會呈現，轉行遷移可行，旅行時機恰到，順利如意。

◆ 【戀愛、婚姻】：戀愛求婚出現契機，提出勇氣，不要猶豫，可以成功。感情關係逐漸轉好，不睦可解。

◆ 【健康、問壽】：健康出現生機，漸入佳境，重症危急者，脫離險境。

◆ 【糾紛、訴訟】：糾紛得和解，訴訟有解。

◆ 【失物、尋人】：失物可以找到，但要趕緊，否則時間一久，便不易找回。人物不久即可知道下落，可往東方去尋找。

◆ 【問胎、應期、應位】：男胎。處暑初到處暑中間日。東方。

# 第四一卦

## 山澤損

【卦辭】：「損，有孚，元吉，無咎可貞。利有攸往，曷之用，二簋可用享。」

＜小凶＞

得31分

第四一卦山澤損 ䷨ 遭逢損失

【象】：山在澤水之上，受澤水侵損，猶如遭逢損失。

【數】：春分中間日的前及後。東北方。陰卦。

【理】：雖遇損害，但講誠信且有所根本，會吉利的。堅守正道的根本，不會有災禍。四處廣結善緣，是有利的。當時不我予，甘於退讓排名在後，對將來的發展是有用的。

### 蔡上機易經卦象塔羅圖解

第四一卦【山澤損】，『艮卦』（象山）在上，『兌卦』（象澤）在下，相疊「成卦」。山在澤水上，受澤水侵蝕損害，如遭逢損失，稱為『損』卦。

易經塔羅牌，山在澤水上，受澤水侵蝕損害，導致草木無法生長。一旁茅屋，木頭樑柱，已被蛀蟲啃咬難以支撐茅屋，眼見茅屋將要傾倒，主人物趕緊用手身體，去支撐住將垮的茅屋，原因是樑柱被蛀蟲啃咬受損，危在旦夕。

### 蔡上機版的周易智慧哲學講述

有時遭遇損害，損失利益，但不因此而想要投機取巧來彌補，由於堅持講求誠信，堅守正道，做為為人做事的根本，始終如一，讓人值得信賴，必獲得支持讚揚，帶來長遠利益，是吉利且不會有災禍。

當有所損的時候，多聯繫拜訪一些有利的人，廣結善緣，聯絡友情，是需要且要緊的，這對發展是有利的。當自己不行而需求助於人，千要不要很白痴的表現高姿態，把自己拱的跟天一樣高。時不我予，要懂得能屈能伸，扮演潛龍，表現敬陪末座的態度，有退讓的風度智慧（二簋可用享），未來才有前進的空間，才是聰明有利得貴人支持的行為。

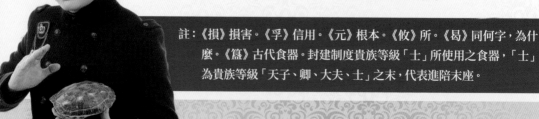

註：《損》損害。《孚》信用。《元》根本。《攸》所。《曷》同何字，為什麼。《簋》古代食器。封建制度貴族等級「士」所使用之食器，「士」為貴族等級「天子、卿、大夫、士」之末，代表進陪末座。

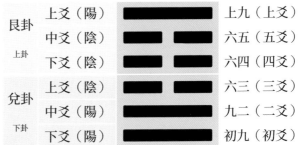

| 艮卦 上卦 | 上爻（陽） | | 上九（上爻） |
| | 中爻（陰） | | 六五（五爻） |
| | 下爻（陰） | | 六四（四爻） |
| 兌卦 下卦 | 上爻（陰） | | 六三（三爻） |
| | 中爻（陽） | | 九二（二爻） |
| | 下爻（陽） | | 初九（初爻） |

## 周易『六十四卦』吉凶禍福～斷解

# 周文王諭令

◆【運氣、願望、機會、交涉】：運氣受損害，機會受破壞，理想願望無法達成，交涉條件不足。凡事無法馬上實現，必須再等一段時間。或讓對方吃一些甜頭，送一點禮物，才會成功，先損後得。

◆【財運、買賣投資】：會遭逢損失，投資失利。

◆【商情、資金商借】：市道不好，利益受到損壞，資金無法到位。

◆【事業、開業、求職、考試】：職場不利，會有損壞事件。開業能力不足，求職出現敗點，送點禮物，或請托幫忙會較順利。考試恐難完成，成績差。

◆【轉行、遷移、旅行】：轉行不利，遷移有損，不要太心急。旅途要小心遭逢損失。

◆【戀愛、婚姻】：戀愛求婚因為條件不佳，或出現敗點，沒能順利成功。感情關係，面臨損害，出現嫌隙不睦。

◆【健康、問壽】：健康亮黃燈，再置之不理，恐生大病。重症危急者，死運未脫，如沒緊急搶治，必遭不測。

◆【糾紛、訴訟】：因為損失，造成糾紛問題不好排解，訴訟逢敗點出現。

◆【失物、尋人】：失物和人物都不易找回，或須要花一段長時間，才能找回，可往東北方尋找。

◆【問胎、應期、應位】：女胎。春分中間日的前及後。東北方。

# 第四二卦

## 風雷益

【卦辭】：「益，利有攸往，利涉大川。」

上吉

得81分

第四二卦風雷益 利益財富

【象】：風動氣流，擦出雷電，雷電因氣流而生，雷受風益，如得利益。

【數】：小寒初到小寒中間日。東南方。陽卦。

【理】：富裕之時，與人交往合作，廣結善緣，對於圖謀之事是有利的，也有利克服未來的險阻。

## 蔡上機易經卦象塔羅圖解

第四二卦【風雷益】，『巽卦』（象風）在上，『震卦』（象雷）在下，相疊「成卦」。風（氣流）在流動，帶著電場，磨擦碰撞，產生威力無比的雷電。雷電是因為，帶電的氣流磨擦碰撞而產生，彼此的關係『雷受風益』，稱為『益』卦。

易經塔羅牌，天上的風雲氣流，強烈流動，磨擦撞擊出雷電為場景，表示『雷受風益』之外。更以氣候應景，來表達『風雷益』的語彙和精神，面臨下雨的時候，雨傘的生意，正得氣候幫助產生利益，賣傘的主人物，拜天氣所賜，大發利市，這情節來呼應風助雷的產生，風對雷是利益的元素。

## 蔡上機版的周易智慧哲學講述

處於富裕安樂的狀況，要居安思危，以防鬆懈後的災難發生外，也不能有富裕而滿足停頓，不再求上進，否則將被取代超越，也是種危難。這非貪婪，而是要懂得維繫富裕的強盛能量不衰退，同時利用富裕的有利條件，去經營更富裕的未來，這是種進取的建設。

處於富裕興盛的狀況，要與更多同樣富裕興盛者，有所往來，廣結善緣，成為友好的利益共生同盟關係，力量與利益，跟著加大加倍坐大。對於當下事業的發展，計畫所圖謀之事，都是有利的，同時也容易去克服未來所面臨的艱難險阻。

註：《益》富裕、利益。《攸》所。《涉》交涉。《大川》危險江河，冒險。

| | | | |
|---|---|---|---|
| 巽卦 | 上爻（陽） | ▅▅▅▅▅ | 上九（上爻） |
| 上卦 | 中爻（陽） | ▅▅▅▅▅ | 九五（五爻） |
| | 下爻（陰） | ▅▅ ▅▅ | 六四（四爻） |
| 雷卦 | 上爻（陰） | ▅▅ ▅▅ | 六三（三爻） |
| 下卦 | 中爻（陰） | ▅▅ ▅▅ | 六二（二爻） |
| | 下爻（陽） | ▅▅▅▅▅ | 初九（初爻） |

## 周易『六十四卦』吉凶禍福～斷解

# 周文王諭令

◆【運氣、願望、機會、交涉】：運氣有益，機會很好，與人合作，願望可成，貴人相助，積極行事，交涉成功。

◆【財運、買賣投資】：有利可圖，投資獲利，滿心歡喜。

◆【商情、資金商借】：市道很好，利益在前，資金一一陸續到位，共襄盛舉。

◆【事業、開業、求職、考試】：職場獲益，吉祥如意。開業成功，利益獲取。求職順利，貴人相助。考試準備好，成績佳。

◆【轉行、遷移、旅行】：轉行遷移，利益可取，出行吉利，有所收穫。

◆【戀愛、婚姻】：戀愛求婚會成功，獲得利益。感情關係，相輔相成，營造有利結果。

◆【健康、問壽】：健康得利好轉，重症危急者，轉危為安。

◆【糾紛、訴訟】：糾紛得以解決，訴訟可勝，獲得利益。

◆【失物、尋人】：失物可以找回，人物不久後將會自動回來，可往東南方尋找。

◆【問胎、應期、應位】：男胎。小寒初到小寒中間日。東南方。

# 第四三卦

## 澤天夬

【卦辭】：「夬，揚于王庭，孚號有厲，告自邑，不利即戎，利有攸往。」

大大凶
得10分

第四三卦澤天夬 ䷪ 潰堤決裂

【象】：滔天之澤，傾盆而下，如潰堤氾濫成災，凶難如天降臨。

【數】：芒種中間日的前及後。西南方。陽卦。

【理】：關係決裂後，避免後害，要慎重正式宣告出去，理由要令人信服，讓親己者都能防範締結。不讓對方馬上以武力衝突來針對，再積極結交新盟友來增援，才會有利。

## 蔡上機易經卦象塔羅圖解

第四三卦【澤天夬】，『兌卦』（象澤）在上，『乾卦』（象天）在下，相疊「成卦」。滔天之澤，傾盆而下，像黃河潰堤成災，如天降臨，稱為『夬』卦。

易經塔羅牌，滔滔江河，已經潰堤，滾帶黃泥，傾盆而下，如天而降，氾濫成災，帶來重大浩劫。就像主人物，與敵人在廝殺對決，處於生死關頭。

## 蔡上機版的周易智慧哲學講述

當與夥伴關係分道揚鑣，決裂分手後，可能有隨之而來的危害，要有危機意識，這是保護自己，並非小人之心度君子之腹。故要正式慎重的將分手這事，公開宣告出去，宣佈的理由，要令人信服。同時，也要讓親己的所有人，都知其情況處境，加以防範，才不會造成後續盡可能的利益損失或傷害。

這行動有赫阻作用，不讓分手的對方，馬上以武力衝突的方式，來針對攻擊你，讓你有喘息自衛的時間空間。曾合作夥伴關係的人，是最清楚你的人，如企圖傷害你，是最有能力的。還要趕在對方之前，積極的去結交新盟友，不能讓對方搶在你前頭。增加自己的實力，以免屆時敵方串連起來，自己受孤立，導致失敗。同時，也能幫助未來的發展。

註：《夬》決斷、分決。《揚》宣揚。《庭》廳堂、朝廷。《孚》信用。《號》大聲呼喊。《厲》危害。《邑》地方。《戎》戰爭。

| 兌卦 上卦 | 上爻（陰） | | 上六（上爻） |
| | 中爻（陽） | | 九五（五爻） |
| | 下爻（陽） | | 九四（四爻） |
| 乾卦 下卦 | 上爻（陽） | | 九三（三爻） |
| | 中爻（陽） | | 九二（二爻） |
| | 下爻（陽） | | 初九（初爻） |

## 周易『六十四卦』吉凶禍福～斷解

# 周文王諭令

◆【運氣、願望、機會、交涉】：運氣走險惡，願望難以達成，無機可得，交涉失利。災難將來，危險將至，要謹慎小心應付，否則將會蒙難受傷害。

◆【財運、買賣投資】：財運有凶險，投資損敗財產。

◆【商情、資金商借】：市道有危險，且勿進入，資金瓦解挫敗。

◆【事業、開業、求職、考試】：職場將有殺戮，展業競爭，大有損傷，求職有困難，成績差爆。

◆【轉行、遷移、旅行】：轉行危險，遷移失利，暫時先不要更動。旅行會有災難難，最好能取消。

◆【戀愛、婚姻】：戀愛求婚，面臨困難，遭到挫傷，很不吉利。感情關係，會有嚴重衝突，兩相撕裂，並有暴力出現。

◆【健康、問壽】：健康嚴重受損，重症危急者，進入生死關頭，恐有不測。

◆【糾紛、訴訟】：糾紛廝殺很大，訴訟激烈，將付出極大代價，受到嚴重傷害。

◆【失物、尋人】：失物遺失在外，很難找回來。人物已經遠走高飛，或下落不明，可能會有血光意外的生命危險，可往西南方尋找。

◆【問胎、應期、應位】：男胎。芒種中間日前及後。西南方。

# 第四四卦

## 天風姤

【卦辭】：「姤，女壯，勿用取女。」

平下
得41分

第四四卦 天風姤 偶然相遇

【象】：空中之風，隨處飄動，沒有方向，氣流隨機相碰，偶然相遇，擦肩而過，稍縱即失。

【數】：夏至日到夏至初。西北方。陰卦。

【理】：對於偶遇，來路不明，不合情理的人事物，不要突然碰觸，以免後患。

## 蔡上機易經卦象塔羅圖解

第四四卦【天風姤】，『乾卦』（象天）在上，『巽卦』（象風）在下，相疊「成卦」。空中（天上）的風，隨機隨處飄動，沒有方向，氣流相碰，都是偶然的相遇，也意會擦肩而過，稍縱即失，稱為『姤』卦。

易經塔羅牌，天上的風，沒方向到處流竄，任意隨機流動，風與風的碰觸，就像突來偶然的碰頭，不安全也不可靠。枯木倒下，殘葉隨處撒落，感覺很沒踏實實際的感覺。主人物在路上，突然偶遇一位女子，兩人回頭一看，或許對上眼一見鍾情。如沒究查其底細，就發生性關係，是一件危險的行為。如對方非善類，別有所圖，必會帶來後患。

## 蔡上機版的周易智慧哲學講述

突然來臨偶遇，沒情節因果關係，卻突然莫名其妙冒出來的人事物等。都是不知其來路底細，善惡目的動機為何，有必要詳細加以瞭解其情，謹慎小心防備。

原文，路上偶遇，來路不明不清不白的女子，不能娶為妻（或性關係）。意指，突然碰觸的人事物，身世底細清白來路、目的動機等，都是不清楚（原文用結過婚的女子，表示過程的單純），要小心處之，並查個究底，不要隨便搞在一起，以免被騙受累或有後患的發生。

註：《姤》偶遇。《壯》壯年（古時三十歲以上為壯年），健壯。女壯表示年紀很大的女子，意會已婚女子。《勿》不要。《取》同娶字，娶妻。

| 乾卦 上卦 | 上爻（陽） | ▄▄▄▄ | 上九（上爻） |
|---|---|---|---|
| | 中爻（陽） | ▄▄▄▄ | 九五（五爻） |
| | 下爻（陽） | ▄▄▄▄ | 九四（四爻） |
| 巽卦 下卦 | 上爻（陽） | ▄▄▄▄ | 九三（三爻） |
| | 中爻（陽） | ▄▄▄▄ | 九二（二爻） |
| | 下爻（陰） | ▄▄ ▄▄ | 初六（初爻） |

## 周易『六十四卦』吉凶禍福～斷解

# 周文王論令

◆【運氣、願望、機會、交涉】：偶然來的機會，看清動機，小心別有企圖，或者有詐，是個圈套。所有的事件，小心異性所帶來的災禍。

◆【財運、買賣投資】：突來的機會，是個陷阱，小心失財。

◆【商情、資金商借】：市道不明，有企圖陷阱，隱藏其中，嘴上資金，都是胡說八道，且勿相信。

◆【事業、開業、求職、考試】：職場圈套多，小心誤入，開業因誤判而失利，求職好運總是擦肩而過，或者有圈套，要很小心。考試抓不準考題，成績差。

◆【轉行、遷移、旅行】：保持觀望，以免錯誤投入，遭逢損害。旅行不好，小心陷阱在其中，最好能取消。

◆【戀愛、婚姻】：來路不明，一見鍾情，非常危險，求婚小心失敗。感情關係，注意有隱情，才知不單純。

◆【健康、問壽】：健康隱藏危險，趕緊診治。重症危急者，表面無事，但實則是有危險，趕緊即時診治，可以解決。

◆【糾紛、訴訟】：糾紛的背後動機不單純，訴訟隱藏不利。

◆【失物、尋人】：失物可能會在意想不到的地方，人物恐有感情的牽連而出走，可能會在意想不到的地方找到，可往西北方尋找。

◆【問胎、應期、應位】：女胎。夏至日到夏至初。西北方。

# 第四五卦

## 澤地萃

【卦辭】：「萃，亨。王假有廟，利見大人，亨，利貞。用大牲吉，利有攸往。」

**上吉**
**得85分**

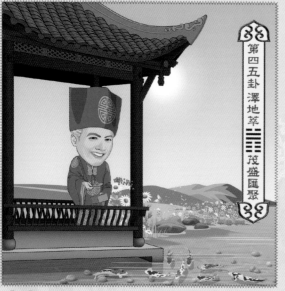

第四五卦 澤地萃 茂盛匯聚

【象】：澤水清透見地，生物欣欣向榮，蓬勃茂盛，出類拔萃。

【數】：立冬中間日前及後。西方。陰卦。

【理】：匯聚菁英，可通順利。領袖者憑背景來感召，結交更多權勢威望者，有利集成大事，但須堅守正道。用背景結聚更多權勢，要慎重用誠意才會吉利，有利爾後之事。

### 蔡上機易經卦象塔羅圖解

第四五卦【澤地萃】，『兌卦』（象澤）在上，『坤卦』（象地）在下，相疊「成卦」。澤水非常清透，可透見水下泥地，這環境生態，生物必欣欣向榮，蓬勃茂盛，出類拔萃，匯聚在此，稱為『萃』卦。

易經塔羅牌，澤水之地的場景，非常清透乾淨，可見澤水下泥地石塊，是非常好的生態環境，有利生物的生存生長及生活，水裡的魚兒健康，色彩鮮豔又肥美靈活，結聚在這，都是最極品優良的，像出類拔萃一樣。主人物是位事業有成的員外，也是出類拔萃之人，在涼亭悠閒幽雅自在的觀賞餵食魚群，與場景相呼應。

### 蔡上機版的周易智慧哲學講述

出類拔萃的菁英，是精實的力量，一時俊傑，如能將菁英部眾聚集，聚匯在一起，將可形成一股極強大的力量，無論做什麼事，都可通達順利。

身為號召菁英的領袖者（召集人）可憑祖先的威望餘蔭（等同，神主牌）。又如，團體組織，或一個「號召名稱」的名義）來感召，將有利於菁英聚集的意願，用此結交有權勢威望地位之人（菁英），有助於己實力的坐大，也可幫助集成大事有所圖謀，但行為須堅守正道，才會有向心力。

原文，宗廟祭祀，求祖先保佑，要用豐盛的三牲大禮供奉，表示其誠意慎重，才會吉利，有利祈求的事。意會，憑藉一個團體組織或名稱名義，來號召群英權勢人物的聚結，藉由這力量來做事，要認真用誠意嚴謹鄭重，才能順利達成目的。

註：《萃》茂盛、聚集。《王》領導人。《假》憑藉、借助。《廟》宗廟，古代供奉祭祀祖先的地方。《大人》有權勢地位的人物。《大牲》古代供奉祭祀用牛、羊、豬三牲，大牲即豐盛的祭禮。《攸》所。

| | | | |
|---|---|---|---|
| 兌卦 上卦 | 上爻（陰） | 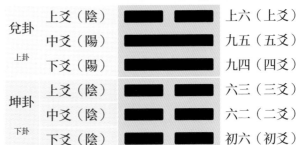 | 上六（上爻） |
| | 中爻（陽） | | 九五（五爻） |
| | 下爻（陽） | | 九四（四爻） |
| 坤卦 下卦 | 上爻（陰） | | 六三（三爻） |
| | 中爻（陰） | | 六二（二爻） |
| | 下爻（陰） | | 初六（初爻） |

## 周易『六十四卦』吉凶禍福～斷解

# 周文王諭令

◆【運氣、願望、機會、交涉】：好運匯聚，聚合豐盛，大好之時，萬事亨通。良機可得，交涉可以成功。

◆【財運、買賣投資】：財運豐沛，投資買賣，有進財之喜。

◆【商情、資金商借】：市道大好，資源豐富，利益在前，資金茂盛，匯聚而來。

◆【事業、開業、求職、考試】：事業職場蓬勃發達，開業大成功。求職順利如意，成績很好。

◆【轉行、遷移、旅行】：轉行有利，遷移吉祥，旅行開心而回。

◆【戀愛、婚姻】：戀愛求婚大成功，順心如意，圓滿達成，感情幸福滿。

◆【健康、問壽】：健康大有復原，重症危急者，起死回生。

◆【糾紛、訴訟】：糾紛順利圓滿解決，訴訟得利順利。

◆【失物、尋人】：失物可以找到，人物不久將會自動回家，或知道下落，可往西方尋找。

◆【問胎、應期、應位】：女胎。立冬中間日前及後。西方。

# 第四六卦

## 地風升

【卦辭】：「升，元亨，用見大人，勿恤，南征吉。」

◄ 中吉 ►

得80分

【象】：風在地下，必然流動升起，有如萬丈高樓平地起，步步升起。

【數】：大暑末到立秋日。東方。陰卦。

【理】：在上升發展時，根本做起，有利今後，結識權勢者，對發展有利，做事不擔憂。力量集成，有所圖謀，對征戰目標，吉祥。

### 蔡上機易經卦象塔羅圖解

第四六卦【地風升】，『坤卦』（象地）在上，『巽卦』（象風）在下，相疊「成卦」。風是飄在天空，風如在地下，當要流動升起回到地上，如萬丈高樓平地起，步步飛揚升起，稱為『升』卦。

易經塔羅牌，地上有大洞，洞裡有風，必會升出，流動到地上。主人物是武將，登上台階，在擂臺上，意會步步上升，登上舞台，在擂臺上獲得勝利，表演傑出過人的武藝，獲得群眾（士兵們）掌聲喝采歡呼，呼應步步飛揚升起。

### 蔡上機版的周易智慧哲學講述

事業前途處在上升發展階段，都從開始根本起步，耕耘做起的，才有利於今的成功，當有發展成功之時，勿忘勿丟根本，要牢牢守住，會更順利通達。

這時如能再結識聚集有權勢地位實力之人，一起結伴結盟互通有無有，形成合作共生力量，對自身及將來發展，會有好處的，對前途事業發展，當然更不用擔憂了。當實力更為雄厚兵強馬壯時，就助於集成大事有所圖謀，此時將事業版圖擴大，伸展出去，與競爭敵對者競爭（南征），都很有能力，可以成功的。

註：《升》上升。《元》根本。《大人》有權勢地位的人。《恤》體恤、擔憂。《征》出兵、戰爭。《南征》西伯侯被囚禁「羑里」，心懷征伐西南方向商紂王的王城「朝歌」，南征即是西南征。

| 坤卦 | 上爻（陰） | ▬▬　▬▬ | 上六（上爻） |
|---|---|---|---|
| 上卦 | 中爻（陰） | ▬▬　▬▬ | 六五（五爻） |
| | 下爻（陰） | ▬▬　▬▬ | 六四（四爻） |
| 巽卦 | 上爻（陽） | ▬▬▬▬▬ | 九三（三爻） |
| 下卦 | 中爻（陽） | ▬▬▬▬▬ | 九二（二爻） |
| | 下爻（陰） | ▬▬　▬▬ | 初六（初爻） |

## 周易『六十四卦』吉凶禍福～斷解

# 周文王諭令

◆【運氣、願望、機會、交涉】：好運上升，機會到來，良機可得，吉祥如意，凡事按步就班，一步一步來，都可以成功。

◆【財運、買賣投資】：財運佳好，向上發展，買賣獲利。

◆【商情、資金商借】：市道好運到，有機可乘，資金看好，凝聚而來。

◆【事業、開業、求職、考試】：職場看好，升遷升官，持續走揚。開業成功，求職可成，成績進步。

◆【轉行、遷移、旅行】：轉行有利，遷移順利，旅行順心。

◆【戀愛、婚姻】：戀愛求婚，順利成功，感情持續昇華，關係越來越好。

◆【健康、問壽】：健康逐步好轉，重症危急者，由危轉安。

◆【糾紛、訴訟】：糾紛逐步解開，圓滿和諧，訴訟吉利，可以順利。

◆【失物、尋人】：失物可以找到，但要花點時間，人物尋找，雖然較費時，但可以找到，且平安無事，可往東方去尋找。

◆【問胎、應期、應位】：女胎。大暑末到立秋日。東方。

# 第四七卦

## 澤水困

【卦辭】：「困，亨，貞，大人吉，無咎，有言不信。」

◀ 大凶 ▶

得20分

【象】：澤下更低窪凹下之水處，有如受困澤底，窮途末路，受困之時。

【數】：立秋中間日前及後。西方。陽卦。

【理】：處危困中，要亨通，須堅守正道。對胸懷遠志者而言，是吉祥而無害的。當勢弱必言微，不被信任，謹言慎行少言論為妙。

### 蔡上機易經卦象塔羅圖解

第四七卦【澤水困】，『兌卦』（象澤）在上，『坎卦』（象水）在下，相疊「成卦」。澤水之下，有更低窪凹下深入之處，這澤下的深凹之水，如受困在澤底裡，像窮途末路，稱為『困』卦。

易經塔羅牌，澤水的場景，底下有深凹之處，一旦失足在此，恐遭危險滅頂，像被困在牢籠一樣。主人物前往澤水處打水，後有深凹不見底的澤水，前有山林間老虎猛獸，虎視眈眈的逼近，局面困窘，驚險萬分。

### 蔡上機版的周易智慧哲學講述

處於困窘、囚困的環境，身為人的志節，是不能失去的，正所謂「貧賤不能移」，要能求順利亨通、趨吉避凶，是落難時也要始終如一的堅守正道。這對於一個胸懷遠志的人而言，才有前景可言，才是吉祥如意，沒有災禍過失的。否則因窮困潦倒，失去志節，行惡做壞、作奸犯科，恐成為亡命之徒。

處於困境，也要應謹言慎行，當個潛龍低調養氣，盡量少說話、發表闊論。因力微言輕，這時說什麼話，縱是金科玉律，也不有人會信服你鳥你，這是很現實的現像，有這樣的先見之明，才是智慧之人。這時應該做的事，不是爭一時之氣，是設法養足自己的氣，把實力、能力、競爭力，經營強健起來。

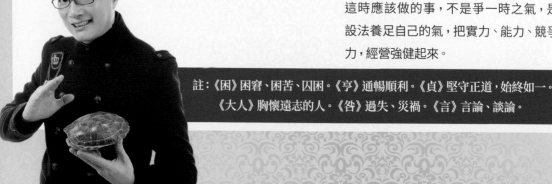

註：《困》困窘、困苦、囚困。《亨》通暢順利。《貞》堅守正道，始終如一。《大人》胸懷遠志的人。《咎》過失、災禍。《言》言論、談論。

| | | | |
|---|---|---|---|
| 兌卦 | 上爻（陰） | ▅▅　▅▅ | 上六（上爻） |
| | 中爻（陽） | ▅▅▅▅▅ | 九五（五爻） |
| 上卦 | 下爻（陽） | ▅▅▅▅▅ | 九四（四爻） |
| 坎卦 | 上爻（陰） | ▅▅　▅▅ | 六三（三爻） |
| | 中爻（陽） | ▅▅▅▅▅ | 九二（二爻） |
| 下卦 | 下爻（陰） | ▅▅　▅▅ | 初六（初爻） |

## 周易『六十四卦』吉凶禍福～斷解

# 周文王諭令

◆【運氣、願望、機會、交涉】：運氣將走入困境，面臨災難，四面楚歌，坐困愁城，凡事以退為守，以免徒勞無功。

◆【財運、買賣投資】：財運面臨困境危機，投資大虧損。

◆【商情、資金商借】：市道危險，背腹受敵，資金瓦解。

◆【事業、開業、求職、考試】：職場遭逢災難，危險將至，開業大敗，求職碰壁，成績極差。

◆【轉行、遷移、旅行】：暫時不要變動為宜，旅行會發生困難，最好能取消。

◆【戀愛、婚姻】：戀愛求婚大敗，感到很受創。感情關係進入困境，小心勞燕分飛、分道揚鑣。

◆【健康、問壽】：健康有大問題，重症危急者，進入生死搏鬥，恐有不測。

◆【糾紛、訴訟】：糾紛不利，受困其中，訴訟大敗，面臨困境。

◆【失物、尋人】：失物難找回，人物下落不明，可往西方尋找。

◆【問胎、應期、應位】：男胎。立秋中間日前及後。西方。

# 第四八卦

## 水風井

【卦辭】：「井，改邑不改井，無喪無得，往來井井。汔至，亦未繘井，羸其瓶，凶。」

平

得51分

第四八卦水風井　井然有制

【象】：水裡有涼風飄起，必然是口井。井然有制，依序而為。

【數】：小暑未到大暑初。東方。陰卦。

【理】：井然有序的制度不可輕易更動，即使人事物時地興衰變遷，制度依舊神聖重要。秩序制度法令穩定不失，社會活動才會奉公守法。制度如不能維繫，就會出亂凶險。

## 蔡上機易經卦象塔羅圖解

第四八卦【水風井】，『坎卦』（象水）在上，『巽卦』（象風）在下，相疊「成卦」。水裡有涼風飄起，必然是口井。用井來表示，排隊汲水，井然有序，依序而為的秩序，稱為『井』卦。

易經塔羅牌，村莊的井口為場景，井水裡頭飄出涼風，眾人排隊，依序的等著汲水，一旁還有村民，協助著糾察。由一口井，反應著井井有條、井然有序，制度與法令、秩序的遵守。

## 蔡上機版的周易智慧哲學講述

法令制度，要像排隊在水井打水，井然有序，像水井的所在地，不會因城鎮的興衰變遷，改地改遷被移位，井仍是在原地不動。用水井表示，井然有序，秩序法令制度，是要遵守，不可輕易更動。

法令和制度，必須保持穩定性，人們在社會活動，生活舉止，才會有秩序，保障依據，社會才會安定。反之，沒穩定性的法令制度，社會就會亂，發生動盪，什麼都做不成。又像汲水時，繫著瓦瓶的繩子，如果沒有持續穩定性，瓦瓶未到達井底時就破碎了，就有凶險。意會制度法令的穩定性維繫和秩序，是非常的重要。

註：《井》井井有條，制度法令。《邑》城鎮，地方。《汔》幾乎，以致於。《繘》古代打井水的水桶瓦瓶上繫著的繩子。《羸》瘦弱、單薄，纏繞。

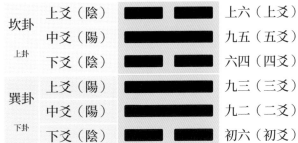

| 坎卦 上卦 | 上爻（陰） | | 上六（上爻） |
|---|---|---|---|
| | 中爻（陽） | | 九五（五爻） |
| | 下爻（陰） | | 六四（四爻） |
| 巽卦 下卦 | 上爻（陽） | | 九三（三爻） |
| | 中爻（陽） | | 九二（二爻） |
| | 下爻（陰） | | 初六（初爻） |

## 周易『六十四卦』吉凶禍福～斷解

# 周文王諭令

◆【運氣、願望、機會、交涉】：運氣平平，機會照順序來，需要時間的等待，凡事安份守己，依照制度規矩而來，將可確保平安，如違反常規者，將受處罰，面臨失敗。

◆【財運、買賣投資】：財運很一般，一切按照常規走，好運財運沒法加快。

◆【商情、資金商借】：市道平平，因循規矩，一步一腳印，以求安定，資金並不熱絡。

◆【事業、開業、求職、考試】：職場好運溫吞，需等待好時機。開業好運未達，求職沒有好位置，成績平平。

◆【轉行、遷移、旅行】：轉行遷移，沒有好運，最好先維持現狀，旅行平淡而已。

◆【戀愛、婚姻】：戀愛求婚不會有好機會，毛躁心急會壞事，一步一步慢慢燉，比較佳好，感情關係平淡化，一點一滴循序漸進就好。

◆【健康、問壽】：健康需要一些時日，才會起色，重症危急者，需要熬過一些時間，才會脫離險境。

◆【糾紛、訴訟】：糾紛暫時無法平息，持續努力，講究規矩，可以慢慢解套，訴訟程序會走很久，很有得磨。

◆【失物、尋人】：失物遺失在室內，人物就在附近，可往東方去尋找。

◆【問胎、應期、應位】：女胎。小暑末到大暑初。東方。

# 第四九卦

## 澤火革

【卦辭】：「革，己日乃孚。元亨利貞，悔亡。」

◄ 小凶 ►

得35分

【象】：澤水受地熱蒸發，澤水漸失將乾枯，腐化擴大，需要奮力改革。

【數】：驚蟄中間日前及後。北方。陰卦。

【理】：進行改革需要一些時間後，才能使人信服。堅守正道，有民意基礎，才能長治久安通達，災禍不會發生。

### 蔡上機易經卦象塔羅圖解

第四九卦【澤火革】，『兌卦』（象澤）在上，『離卦』（象火）在下，相疊「成卦」。澤水受到地熱的蒸發，逐漸消失乾枯，沒有水源，反應民生不濟，腐敗發生擴大，需要奮力改革，稱為『革』卦。

易經塔羅牌，澤水受到地熱蒸發乾枯，澤地出現龜裂，沒有水源，草木不生，大樹枯死，農業敗壞，猶如民生經濟蕭條，民不聊生，是個腐敗的環境，需要變革，主人物頭綁著「改革」的血字，拿起務農的鋤頭，反應農業民生經濟蕭條，高喊著『抗議、改革』，呼應場景。

### 蔡上機版的周易智慧哲學講述

求進步也要改革，面臨腐敗要改革，不改革就會退步滅亡。改革是兩面刃，沒改好，會加速衰敗滅亡。改革的進行，會遭受反彈誹議，面臨既得利益者的反撲。任何的改革，除了都需要時間的調適外，既是改革，也要找到根本的問題，堅持改革的決心，始終如一，才會有成效。通常進行變革，難立竿見影，要到了己日第六天（十天干、十天為單位的第六位、第六日，指不長不短的時間），也就是一些時日，看到成效後，有了民意基礎，才能使人信服，有長治久安的通達。改革的心態、初衷、行為，必須是堅守正道，才能有助於推行大業，不會因為變革而再發生災禍。

相對，一些時日，卻沒看到變革的成效，反彈誹議卻擴大，表示改革是錯誤失敗的，沒打中根本問題。必須趕緊懸崖勒馬、亡羊補牢，重回根本的問題再改革起。

註：《革》改革、變革。《己》十天干的第六位。《孚》信用。《元》根本。《亨》通暢。《利》利益。《貞》堅守正道。《悔》不應該的過錯。《亡》結束。

| | | | |
|---|---|---|---|
| 兌卦 上卦 | 上爻（陰） | ▬▬ ▬▬ | 上六（上爻） |
| | 中爻（陽） | ▬▬▬▬▬ | 九五（五爻） |
| | 下爻（陽） | ▬▬▬▬▬ | 九四（四爻） |
| 離卦 下卦 | 上爻（陽） | ▬▬▬▬▬ | 九三（三爻） |
| | 中爻（陰） | ▬▬ ▬▬ | 六二（二爻） |
| | 下爻（陽） | ▬▬▬▬▬ | 初九（初爻） |

## 周易『六十四卦』吉凶禍福～斷解

# 周文王諭令

◆【運氣、願望、機會、交涉】:運氣差，機會短缺，時況不佳，環境不良。要有勇氣決心魄力，改變方法及作為，以新的思維重新發展新的作為，並付出變革的成本代價，才能排解困難，創造契機，但並非容易。

◆【財運、買賣投資】：財運買賣交易，陷入困境，要改變方針，才能轉為有利之機。

◆【商情、資金商借】：市道困頓，每況愈下，不再有新變革，就會覆亡，資金艱困。

◆【事業、開業、求職、考試】：職場現入危機，唯有變革，才能轉機，開業失敗，求職不力。成績將面臨後段班的水準，如不進步，就是最差的成績。

◆【轉行、遷移、旅行】：轉行遷移可行，但過程有困難，旅行有點艱難。

◆【戀愛、婚姻】：戀愛求婚難成，勇敢積極去改變一些不利的因素，才有轉機的可能。感情關係，進入風險期，如沒變革，將會分手。

◆【健康、問壽】:健康進入風險期，如沒強力診治，將有危險。重症危急者，面臨生關頭，強力治療如再沒效，就會結束生命。

◆【糾紛、訴訟】:糾葛難擺平，改變處理模式，重新來過，可能比較好談，訴訟如沒新作為，就是等失敗。

◆【失物、尋人】：失物恐已經不見，短期沒找回，就沒有了。人物面臨困境而出走，短期間如沒找回，就找不回來。必須改變原有的方法去找，可往北方去尋找。

◆【問胎、應期、應位】：女胎。驚蟄中間日前及後。北方。

# 第五十卦

## 火風鼎

【卦辭】：「鼎，元吉，亨。」

上上吉
得91分

第五十卦 火風鼎 權力顯赫

【象】：風助火勢，炊鼎而煮，鼎立頂住，穩固權勢威赫。

【數】：夏至末到小暑初。南方。陰卦。

【理】：權位顯赫者，有力可推行大業，但固守根本之道，才會吉利，順利通達。

## 蔡上機易經卦象塔羅圖解

第五十卦【火風鼎】，『離卦』（象火）在上，『巽卦』（象風）在下，相疊「成卦」。炊鼎而煮，必須風助火勢，火有風而旺，鼎中之食可沸。意會在『鼎』，鼎立頂住，問鼎大位，穩固權勢且威赫顯耀，稱為『鼎』卦。

易經塔羅牌，鼎為炊煮之器，火有風助，很快就熱鼎沸騰，就是興旺鼎旺，就像周武王統一天下，擁有大業。鼎為周朝王公貴族，權力地位與財富的象徵，也作為傳國之寶。以周武王朝殿為場景，內侍在殿前生火搧風助然，炊煮熱鼎沸騰中的食物，讓武王犒賞大臣，該鼎象徵武王擁有天下江山的權力顯赫，王朝的穩固和鼎旺、鼎沸，事業興旺發達、位高權重之意。

## 蔡上機版的周易智慧哲學講述

處於位高，手握權力，身份顯赫者，是有絕對的權力、能力、實力，可以助於推行大業，讓事業走向更為繁榮興旺的境界。但當擁有成功大業之時，就怕忘了初衷，糟棄根本，走向浮華虛榮糜爛的世界，開始沈淪墮落。是『態度、行為、作為』的問題！

要守成暨發達大業，最基本且不能缺失的第一條件，就是固守根本（立根）之道，從根本再擴大。就像樹根要紮深，並有養份吸收，樹才會長高長壯，樹枝才會繼續粗大，成為更多的樹幹，而開枝散葉，有茂盛的事業。才會大吉大利，順利通達，鴻圖大展。

註：《鼎》古代煮食炊器，也是祭器，傳國寶器，君王帝位顯赫的地位權力，「問鼎中原」為奪取政權改朝主政之意。《元》根本。《亨》通暢。

| 離卦<br>上卦 | 上爻（陽） | ███████ | 上九（上爻） |
|---|---|---|---|
| | 中爻（陰） | ███ ███ | 六五（五爻） |
| | 下爻（陽） | ███████ | 九四（四爻） |
| 巽卦<br>下卦 | 上爻（陽） | ███████ | 九三（三爻） |
| | 中爻（陽） | ███████ | 九二（二爻） |
| | 下爻（陰） | ███ ███ | 初六（初爻） |

## 周易『六十四卦』吉凶禍福～斷解

# 周文王諭令

◆【運氣、願望、機會、交涉】：運氣亨通，機會大好，事事吉利，順利如意，理想願望交涉可成，圓滿成功。

◆【財運、買賣投資】：財運大好，買賣熱絡，正是發跡之時。

◆【商情、資金商借】：市道大好，大有所為，鴻圖大展，資金一湧而到。

◆【事業、開業、求職、考試】：職場輝煌，大有作為，大吉利。開業順利如意，順利騰達。求職可成，職位甚好，考試成績超佳。

◆【轉行、遷移、旅行】：轉行遷移，大吉利，順利亨通。旅行吉利，滿載而歸。

◆【戀愛、婚姻】：戀愛求婚大成功，喜上眉梢。感情關係，幸福美滿，吉祥如意。

◆【健康、問壽】：健康大有好轉，重症危急者，起死回生。

◆【糾紛、訴訟】：糾紛得解，大獲全勝，訴訟大勝利。

◆【失物、尋人】：失物可以找到，人物會找到，或不久後將會自動回來，平安無事。可往南方去尋找。

◆【問胎、應期、應位】：女胎。夏至末到小暑初。南方。

# 第五一卦

## 震為雷

【卦辭】：「震，亨，震來虩虩，笑言啞啞。震驚百里，不喪匕鬯。」

〈小吉〉 得65分

第五一卦震為雷 威嚴赫眾

【象】：雷上打雷，雷霆萬鈞，威風凜凜，震赫群眾。

【數】：小寒中間日到小寒末。東方。陽卦。

【理】：有威嚴且一言九鼎，才能震赫群眾，順利通達。威嚴領袖現身，使人敬畏鴉雀無聲，威名可使人聞風喪膽，不用花費力氣。

## 蔡上機易經卦象塔羅圖解

第五一卦【震為雷】，『震卦』（象雷）在上，『震卦』（象雷）在下，相疊「成卦」。雷上又打雷，滿天雷，雷霆萬鈞，威風凜凜，震赫三軍群眾，兩個雷疊在一起，稱為『雷』卦，又稱為『震』卦。

易經塔羅牌，天上打雷，雷上又有雷，響徹雲霄，雷霆萬鈞之勢，震動天地。呼應將士們擊起大鼓，鼓聲震天，如雷霆萬鈞，勢不可擋。猶如，主人物兵馬統帥，在校閱臺上，舉起寶劍，號令三軍，威嚴赫眾，也如雷霆萬鈞，將士們無不遵從。

## 蔡上機版的周易智慧哲學講述

領袖領導人，除權力賦予他身擁威嚴，其言行必須有威嚴，光明磊落、剛正不阿、賞罰分明、以身作則、勇於擔當、君無戲言、一言九鼎、眼見卓越、領導有方、作為有風，才能折服群眾，使其臣服，領導部眾管理群眾，才會順利通達。

領導者能有此般的威嚴，不用刑律，即能使人敬畏，眾下也皆會認真執行命令，民眾服從領導，無人敢視為嬉鬧，推行大業，才會有利。有威嚴的領導者，一出現時，其威嚴鎮赫的能量，就如天神降臨一樣，必使群眾們鴉雀無聲、停止嬉鬧、臣服朝聖。這種威嚴的能量，不費吹灰之力，連花費一杓酒的代價都不用，即可驚駭百里，使人聞風敬畏、肅然起敬。

註：《震》震動、威嚴。《虩虩》驚慌恐懼（敬畏）。《啞》喉嚨發不出聲音，刻意保持安靜。《匕》杓子。《鬯》古代祭祀的一種酒。

| | | | |
|---|---|---|---|
| 震卦 | 上爻（陰） | ▆▆　▆▆ | 上六（上爻） |
| | 中爻（陰） | ▆▆　▆▆ | 六五（五爻） |
| 上卦 | 下爻（陽） | ▆▆▆▆▆ | 九四（四爻） |
| 震卦 | 上爻（陰） | ▆▆　▆▆ | 六三（三爻） |
| | 中爻（陰） | ▆▆　▆▆ | 六二（二爻） |
| 下卦 | 下爻（陽） | ▆▆▆▆▆ | 初九（初爻） |

## 周易『六十四卦』吉凶禍福～斷解

# 周文王諭令

◆【運氣、願望、機會、交涉】：運氣提高，聲望很高，如雷震天，時機當旺，氣勢當好，夾帶聲勢，有所作為，當可成功。

◆【財運、買賣投資】：財運正旺，買賣熱絡，交易獲利。

◆【商情、資金商借】：市道大開，趕緊卡位，資金聞風而來。

◆【事業、開業、求職、考試】：職場大有可為，聲勢浩大，開業大好，生意興隆，求職做好威名履歷可成。努力用功，會有好成績。

◆【轉行、遷移、旅行】：轉行可行，遷移吉祥。旅行低調，才會吉祥。

◆【戀愛、婚姻】：戀愛求婚，聲勢太大太高調，會把對方嚇到。感情關係，威嚴過度，雖有崇拜，但會造成生疏距離。

◆【健康、問壽】：健康轉好，生命力大有提升。重症危急者，生命力加強，撐過危險。

◆【糾紛、訴訟】：糾紛得以鎮壓，訴訟氣勢領先。

◆【失物、尋人】：失物靠眾人尋找，可找回。人物聽到風聲，已遠走高飛，難以追回，可往東方尋找。

◆【問胎、應期、應位】：男胎。小寒中間日到小寒末。東方。

# 第五二卦

## 艮為山

【卦辭】：「艮其背，不獲其身，行其庭，不見其人，無咎。」

◀小凶▶
得31分

第五二卦艮為山　鎮壓約束

【象】：山上疊山，延綿高山，層層阻隔，約束鎮壓。

【數】：霜降中間日的前及後。東北方。陽卦。

【理】：限制約束於人，要在不知覺中行使，暗地裡進行，勿讓人感到受控制，化於無形，就不會遭受反彈而有過失災禍。

## 蔡上機易經卦象塔羅圖解

第五二卦【艮為山】，兩個『艮卦』（象山），相疊「成卦」。山疊上山，延綿高山，層層阻隔，有阻攔抵擋、約束鎮壓的屏障與氣勢，兩個山疊在一起，稱為『山』卦，又稱為『艮』卦。

易經塔羅牌，延綿高山，一層又一層，層層疊疊，巨大壯觀，有關山阻隔抵擋、約束鎮壓之勢。山陵線上，萬里長城，層層關卡，主人物乃關口主帥，矗立關隘上，瞭望四方，手壓配劍，一手推出如抵擋千軍萬馬，一夫當關萬夫莫敵，呼應約束鎮壓部眾，阻隔抵擋敵軍。

## 蔡上機版的周易智慧哲學講述

身為領袖領導者，鎮壓管理約束部眾人民，不能只靠權力制度刑律，而更是要有風範及智謀，才是位優越而令人臣服的領袖。對於鎮壓管理約束部眾人民，為了化於無形，方便行事，彼此都不受其擾，最好的方式，是在不知不覺中行使，不讓部眾人民感覺到受控制壓迫。

就好像走進院子，不讓他人看見一樣（隱形人），如此技巧的限制約束部眾人民，就不會有過失災禍。意會，對部眾人民的管理，不要有形的如影隨形，給他們沒壓迫感的自由空間，但也需要隨時考察及應有的約束，應在暗地裡進行，運用無知覺無形的如影隨形方式，才不會讓人覺得不受信任，影響情緒，甚至反彈。

註：《艮》山，象徵阻礙、限制、約束。《背》脊背，物體的背面，即背對、暗地裡。《獲》獲取，控制。《庭》廳堂、庭院。《咎》過失。

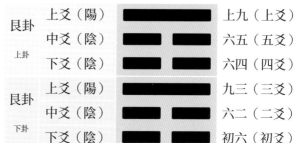

| | | | | |
|---|---|---|---|---|
| 艮卦（上卦） | 上爻（陽） | ▇▇▇ | 上九（上爻） |
| | 中爻（陰） | ▇▇ ▇▇ | 六五（五爻） |
| | 下爻（陰） | ▇▇ ▇▇ | 六四（四爻） |
| 艮卦（下卦） | 上爻（陽） | ▇▇▇ | 九三（三爻） |
| | 中爻（陰） | ▇▇ ▇▇ | 六二（二爻） |
| | 下爻（陰） | ▇▇ ▇▇ | 初六（初爻） |

## 周易『六十四卦』吉凶禍福～斷解

◆【運氣、願望、機會、交涉】：運氣停滯不通，重重障礙，如關山阻隔，受到鎮壓，事難如意，宜謹慎保守為上，先求喘息的空間。

◆【財運、買賣投資】：財運受阻隔，無法通暢，買賣交易關係阻障重重。

◆【商情、資金商借】：商情受困，無法伸展，資金被壓，無法到位。

◆【事業、開業、求職、考試】：職場被壓迫，工作的非常艱苦，開業困難，求職不成，唸書壓力大到生病，成績差。

◆【轉行、遷移、旅行】：轉行不通順，遷移受阻礙，出行會有障礙，不取消則延期較佳。

◆【戀愛、婚姻】：戀愛求婚被阻饒，非常不順暢。感情關係，相處壓力很大，面臨反彈。

◆【健康、問壽】：健康受到強烈壓抑而生病，重症危急者，在生死關頭，很難跨過。

◆【糾紛、訴訟】：糾紛受到強大壓力壓迫，訴訟將敗。

◆【失物、尋人】：失物可能壓在某個東西之下，不易找回。人物去向不明，沒有音訊。可往東北方尋找。

◆【問胎、應期、應位】：男胎。霜降中間日的前及後。東北方。

# 第五三卦

## 風山漸

【卦辭】：「漸，女歸吉，利貞。」

小吉
得65分

第五三卦風山漸 循序漸進

【象】：風吹山勢，順形漸升，按部就班，循序漸進。

【數】：寒露中間日到寒露末。東北方。陽卦。

【理】：向上進取，不應急功近利、好高騖遠，要循序漸進，一步一步的來，才是吉利的。且堅守正道，才會有利於進取。

### 蔡上機易經卦象塔羅圖解

第五三卦【風山漸】，『巽卦』（象風）在上，『艮卦』（象山）在下，相疊「成卦」。風吹著山，順著山勢走，往山形漸升而上，就像按部就班，循序漸進向上邁進，稱為『漸』卦。

易經塔羅牌，風在流動，旗幟飄揚，風吹到山，順著山形的走勢，往上漸而推升上去。就像主人物三軍主帥，騎著戰馬，往山勢奔馳而上，逐漸的登上山坡至山頂，意表循序漸進，向上邁進，持續往上獲取、進步推展。

### 蔡上機版的周易智慧哲學講述

水往低處流，人往高處爬，是力求上進的道理，但向上進取，不應急功近利、好高騖遠、投機取巧，要按部就班，一步一腳印，循序漸進的創取，才不會踩空懸空而失足掉落。就像女子出嫁一般，必須要按婚嫁的禮儀規矩，一步一步的來，才是吉利的。同時，循序漸進、向上創取之時，還須堅守正道、始終如一，不能偷雞摸狗的，才會有利於進取發展。

註：《漸》漸進，逐步發展。《歸》女子出嫁。《利》利益、獲利。《貞》堅守正道，始終如一。

| | | | |
|---|---|---|---|
| 巽卦 上卦 | 上爻（陽） | ▬▬▬▬ | 上九（上爻） |
| | 中爻（陽） | ▬▬▬▬ | 九五（五爻） |
| | 下爻（陰） | ▬▬ ▬▬ | 六四（四爻） |
| 艮卦 下卦 | 上爻（陽） | ▬▬▬▬ | 九三（三爻） |
| | 中爻（陰） | ▬▬ ▬▬ | 六二（二爻） |
| | 下爻（陰） | ▬▬ ▬▬ | 初六（初爻） |

## 周易『六十四卦』吉凶禍福～斷解

# 周文王諭令

◆【運氣、願望、機會、交涉】：運氣將逐漸亨通，漸入佳境，但事事不能操之過急，一定要按步就班而來。就有好機會，成功的希望。

◆【財運、買賣投資】：財運向上發展，順利如意，市場看好。

◆【商情、資金商借】：市道逐漸通達，順勢逐步進場，可利可圖，資金慢慢到位。

◆【事業、開業、求職、考試】：職場好運逐步提升，開業順利吉利，求職可成，成績會有進步。

◆【轉行、遷移、旅行】：轉行遷移，吉利如意，旅行順心。

◆【戀愛、婚姻】：戀愛求婚，按部就班，一步一步來，不要心急會成功。感情關係，溫度提升，漸入佳境。

◆【健康、問壽】：健康將會逐漸轉好，重症危急者，逐漸脫離險境。

◆【糾紛、訴訟】：糾紛慢慢得解，訴訟進入佳境。

◆【失物、尋人】：失物可以找回，需要費點時間。人物會平安無事，花點時間可以找到，可往東北方尋找。

◆【問胎、應期、應位】：男胎。寒露中間日到寒露末。東北方。

# 第**五四**卦

## 雷澤歸妹

【卦辭】：「歸妹，征凶，無攸利。」

 小凶
得35分

第五四卦雷澤歸妹
歸宿結合

【象】：雷下傾盆大雨如澤，出行危險，速歸最安全，如妹找歸宿。
【數】：清明中間日到清明末。西方。陰卦。
【理】：對於尋求歸宿，用強取豪奪的方式，是有凶險的，是得不到好處的。

### 蔡上機易經卦象塔羅圖解

　　第五四卦【雷澤歸妹】，『震卦』（象雷）在上，『兌卦』（象澤）在下，相疊「成卦」。天上打起雷，傾盆大雨落下，地面如沼澤，出行者是危險的，速速返家，或找安全的地方躲避，像妹妹出嫁，找到好歸宿才安全，稱為『歸妹』卦。

　　易經塔羅牌，天上打雷，下傾盆大雨，地面積水，如一遍汪洋沼澤，出行的人，都在危險狀態，趕緊回家最安全。主人物帶著妹妹，從外面趕緊奔馳返家，躲避危險如澤的雷雨，家裡有家人呼喊著，趕快回家。妹妹是穿著新娘服，家裡裝設喜事，意表帶著妹妹返家躲避危險的邏輯，像妹妹要出嫁，需要尋找好的歸宿，才安全幸福，是一樣的道理。

### 蔡上機版的周易智慧哲學講述

　　對於婚嫁（兩者的結合）這件事，用威脅強迫的方式，不當手段，強取豪奪，會有凶險，得不到好處。意會，結婚尋找歸宿或任何合作關係，彼此間沒意願或默契，非兩情相願，並非互蒙其利，用強求豪取不正當手段，會遭受反彈，不會有好結果，沒有幸福。表示，任何合作結合的關係，兩情相願，互蒙其利，才是有利順利且幸福長久的。

註：《歸》女子出嫁，返回。《妹》親戚中比己年小者，男稱戀愛對象也叫「妹妹」。歸妹是嫁妹妹，或尋找歸宿。《征》戰爭，爭奪。

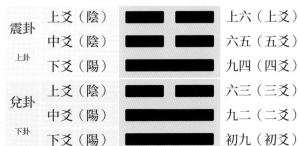

| 震卦 | 上爻（陰） | | 上六（上爻） |
|---|---|---|---|
| 上卦 | 中爻（陰） | | 六五（五爻） |
| | 下爻（陽） | | 九四（四爻） |
| 兌卦 | 上爻（陰） | | 六三（三爻） |
| 下卦 | 中爻（陽） | | 九二（二爻） |
| | 下爻（陽） | | 初九（初爻） |

## 周易『六十四卦』吉凶禍福～斷解

# 周文王諭令

◆【運氣、願望、機會、交涉】：災難來臨，面臨危險，千萬不要勉強前進，趕緊撤退，尋找庇護，否則會有災難，願望交涉難成。

◆【財運、買賣投資】：財運不良，危險將至，買賣有風險，趕緊撤退。

◆【商情、資金商借】：市道有風險，不宜進入，資金有困難。

◆【事業、開業、求職、考試】：職場危機到來，開業將失敗，求職不成，考試成績差。

◆【轉行、遷移、旅行】：危險，暫時不要動為佳。旅行中途，會有災難。

◆【戀愛、婚姻】：戀愛求婚注意對方動機，是否別有用心，要先調查對方的底細。感情關係，沒有安全感，容易發生不睦。

◆【健康、問壽】：健康面臨災難，趕緊就醫，重症危急者，如沒搶救，小心不測。

◆【糾紛、訴訟】：糾紛發生，趕緊找人解決，訴訟如沒高人，恐會失敗。

◆【失物、尋人】：失物難找回，人物注意情感糾紛而離家出走，或在外發生危險，速往西方的尋找。

◆【問胎、應期、應位】：女胎。清明中間日到清明末。西方。

# 第五五卦

## 雷火豐

【卦辭】：「豐，亨，王假之，勿憂，宜日中。」

◇上吉◇

得90分

第五五卦 雷火豐 財富豐厚

【象】：雷電生火，火光四射，照射天地，氣勢豐華，如財富豐收。

【數】：雨水中間日到雨水末。北方。陰卦。

【理】：財力豐厚，做事相對通達，領袖也因你的財富本事價值而借重你，一時間不會有憂慮事。這優勢，只能適用一段時日而已。

### 蔡上機易經卦象塔羅圖解

第五五卦【雷火豐】，『震卦』（象雷）在上，『離卦』（象火）在下，相疊「成卦」。打雷產生火光，雷打的越是屬害，火光就越是強烈，火光四射，照射天地，氣勢豐華，如同財富豐收一般，稱為『豐』卦。

易經塔羅牌，天上在打雷，產生火光，照耀天地，豐華的景象。主人物率領族人，因大豐收感謝天地，舉行豐年祭。現場有豐盛供品，收成的豐盛稻穀，孩童幫忙肅立火把。呼應有雷有火，稻穀豐收豐年祭，意表茂盛、豐收、富足。

### 蔡上機版的周易智慧哲學講述

事業豐收，財力豐厚，富足的時候，有本錢有才幹，做起事情來，相對的順利通達。連君王（老闆）也會因為你的財富，或可創造財富的本事，看重你，這是不用憂慮、擔心的。但這一些優處，只能適用一段時間而已。

意會，當人強盛有可被利用的價值時，就是優勢，領袖們得需借重於你。當備受重用的時候，是個寵臣，什麼都不用擔憂。當優勢或價值，被利用完了，就會被丟棄遺棄或冷落。除了要有先見之明外，也告訴我們，時時要培養有可被利用的價值而不中斷，才是長久不衰之計。

註：《豐》茂盛、豐收、富足。《王》君王，老闆。《假》憑藉。《宜》適合。《日中》日為太陽，自天亮到天黑的一小段時間。

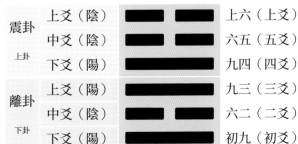

| 震卦 上卦 | 上爻（陰） | | 上六（上爻） |
|---|---|---|---|
| | 中爻（陰） | | 六五（五爻） |
| | 下爻（陽） | | 九四（四爻） |
| 離卦 下卦 | 上爻（陽） | | 九三（三爻） |
| | 中爻（陰） | | 六二（二爻） |
| | 下爻（陽） | | 初九（初爻） |

## 周易『六十四卦』吉凶禍福～斷解

# 周文王諭令

◆【運氣、願望、機會、交涉】：運氣亨通，機會大開，願望可成，交涉吉祥，得意洋洋，好事豐盛而來，但不要得意忘形。

◆【財運、買賣投資】：財運大好，買賣豐盛。

◆【商情、資金商借】：市道利益豐沛，資金蜂擁而來。

◆【事業、開業、求職、考試】：職場發達，喜上眉梢。開業大吉利，生意興隆。求職會成功，有所發展。考試順利，成績大好。

◆【轉行、遷移、旅行】：轉行遷移吉利順利，出行如意歡心。

◆【戀愛、婚姻】：戀愛求婚會成功，順利如意。感情關係，幸福美滿。

◆【健康、問壽】：健康快速轉好，重症危急者，起死回生。

◆【糾紛、訴訟】：糾紛得以圓滿解決，訴訟得利。

◆【失物、尋人】：不用擔心，一定會找到，失物很快得以找回，人物很快可以得知下落，可往北方尋找。

◆【問胎、應期、應位】：女胎。雨水中間日到雨水末。北方。

# 第五六卦

## 火山旅

 小凶

得35分

【卦辭】：「旅，小亨，旅貞吉。」

【象】：夕陽落山，黃昏美景，旅人嚮往，去程未卜，歸期堪憂。

【數】：秋分末到寒露初。南方。陽卦。

【理】：在外漂流，沒能安定的人生，不會有好時機的。如一時難以安定，只有堅守正道，才會吉祥平安。

### 蔡上機易經卦象塔羅圖解

第五六卦【火山旅】，『離卦』（象火）在上，『艮卦』（象山）在下，相疊「成卦」。夕陽從山間落下，一遍黃昏美景，吸引人嚮往前去，因此離家的旅人，一但脫離家和根，是處於曝險狀態，去程未卜，歸期堪憂，稱為『旅』卦。

易經塔羅牌，夕陽落山而下，一遍的黃昏美景，吸引著主人物，嚮往想要前去，一旦離家，就是身處曝險的環境，何況當未抵達夕陽美景之處，已是黑夜，山林間的野狼猛獸，也虎視眈眈的等待獵食，主人物的處境和危險，可想而知。反應著人不應處於旅人曝險的人生，也勿輕放身邊所擁有的一切，去追求遙不可的理想。

### 蔡上機版的周易智慧哲學講述

人生如果像在外旅行的旅客，就同漂流的浮萍，漂泊的人生，沒有根本的地方，可以立足安定下來，是沒法落地生根，向上發展的，更不用說是發達了。所以，人生也不應該過像旅行、旅客或浮萍、漂泊的人生，這樣的日子，這是不會有好時機。如果，還沒能力機會，可以有安身立命的根據地，安定下來，一定還得過著像旅行、旅客、浮萍、漂泊，這般的落難人生，也要堅守正道、始終如一，不因落難而做偷雞摸狗投機的事，才會吉祥平安。

註：《旅》旅行在外、寄居、旅客，浮萍，居無定所。《小》微，不滿意。《亨》順利通暢。《貞》堅守正道，始終如一。

| | | | |
|---|---|---|---|
| 離卦 上卦 | 上爻（陽） | ▬▬▬▬▬ | 上九（上爻） |
| | 中爻（陰） | ▬▬ ▬▬ | 六五（五爻） |
| | 下爻（陽） | ▬▬▬▬▬ | 九四（四爻） |
| 艮卦 下卦 | 上爻（陽） | ▬▬▬▬▬ | 九三（三爻） |
| | 中爻（陰） | ▬▬ ▬▬ | 六二（二爻） |
| | 下爻（陰） | ▬▬ ▬▬ | 初六（初爻） |

## 周易『六十四卦』吉凶禍福～斷解

# 周文王諭令

◆【運氣、願望、機會、交涉】：運氣出現危險，願望難成，交涉不利，錯誤及美好的的想像，將會帶來風險，守住身邊一切，勝過於理想，千萬不要輕舉妄動。

◆【財運、買賣投資】：財運看似美好，其實很有風險，買賣有風險。

◆【商情、資金商借】：市道不明朗，潛藏危險，資金感覺太樂觀，其實並沒法達成。

◆【事業、開業、求職、考試】：職場潛藏看不到的風險，不要太樂觀。開業不利，不會成功。求職恐將落空，考試太過自信，成績很差。

◆【轉行、遷移、旅行】：轉行遷移，非常不利，要等待好時機，旅行中小心危險。

◆【戀愛、婚姻】：戀愛求婚太過理想化，事實時並不樂觀。感情關係，太過美化，其實很有問題。

◆【健康、問壽】：健康有看不到的隱憂，重症危急者，沒找到救命的根本，如再有延遲，將會危急生命。

◆【糾紛、訴訟】：表面看似沒事，但問題許多，風險存在，小心糾紛，訴訟太樂觀，將面臨失敗。

◆【失物、尋人】：失物恐找不回來，人已經不知去向，不容易找到。可往南方尋找。

◆【問胎、應期、應位】：男胎。秋分末到寒露初。南方。

# 第五七卦

## 巽為風

【卦辭】：「巽，小亨，利有攸往，利見大人。」

小凶

得31分

【象】：風中有風，風速強烈，見風轉舵，逆勢勿為，退讓閃避。

【數】：小暑中間日到小暑末。東南方。陰卦。

【理】：懂得輕盈閃讓，見風轉舵待人處世，至少會有小小的通暢，此態度做事，與人交往，運作上層權勢關係，都是無往不利的。

### 蔡上機易經卦象塔羅圖解

第五七卦【巽為風】，『巽卦』（象風）在上，『巽卦』（象風）在下，相疊「成卦」。風中有風，表示風速強烈，意會順風好走，所以要見風轉舵，不能轉舵，也要退讓閃避，且勿逆風逆勢勿為，兩個風疊在一起，稱為『風』卦，又稱為『巽』卦。

易經塔羅牌，風中有風，急風勁風，強風難抵，連凶猛的天空之王老鷹，都被吹襲的倒栽而下。主人物見風轉舵，不敢逆勢而為迎面碰風，退讓閃躲到樹幹後面，以避風頭，免除傷害。懂得退讓，意表謙遜。

### 蔡上機版的周易智慧哲學講述

見風轉舵、適時轉向、退讓謙遜，並非就是牆頭草隨風擺，只要是正道之為，則是必要之善，是一種順勢而為、逆中求存的處事之道。凡事如能有輕盈柔軟的身段，謙遜的態度去待人處世，至少會是順利通暢的。以此態度，不論是與任何人交往，或是去運作上層社會、權勢地位的人際關係，都是無往不利的。

註：《巽》卦名，八卦之「風」快速無牽掛，同「遜」字，謙遜、退讓。《小》微，一點點。《亨》順利通暢。《利》利益、獲利。《攸》所。《大人》有權勢地位的人。

| 巽卦 上卦 | 上爻（陽） | ■■■■ | 上九（上爻） |
|---|---|---|---|
| | 中爻（陽） | ■■■■ | 九五（五爻） |
| | 下爻（陰） | ■■ ■■ | 六四（四爻） |
| 巽卦 下卦 | 上爻（陽） | ■■■■ | 九三（三爻） |
| | 中爻（陽） | ■■■■ | 九二（二爻） |
| | 下爻（陰） | ■■ ■■ | 初六（初爻） |

## 周易『六十四卦』吉凶禍福～斷解

# 周文王諭令

◆【運氣、願望、機會、交涉】：運勢遇到波折，機會大有困難，凡事波瀾多多，如逆勢而為，將會招到損害，暫是退讓，順著風向走，可以明哲保身。

◆【財運、買賣投資】：財運買賣非常不利，面臨風險。

◆【商情、資金商借】：市道風險大，要趕緊見風轉舵，資金退散，無法到位。

◆【事業、開業、求職、考試】：職場阻逆多，一時的忍讓可保無事，開業會遇對頭難，求職失敗。考試不順利，成績下等。

◆【轉行、遷移、旅行】：暫時先休息，或在避風的地方，比較安定，轉行遷移暫時不宜。旅行小心遇難。

◆【戀愛、婚姻】：戀愛求婚有波折，沒法成功，不要盲目進行，感情關係出現逆風的困難，轉個角度，順著勢走，才不會發生衝突。

◆【健康、問壽】：健康出現災難，趕緊就醫，重症危急者，面臨危險關頭。

◆【糾紛、訴訟】：糾紛加大，退讓可保平安，訴訟不利，恐會失敗。

◆【失物、尋人】：失物可能已經遺失，人物已經潛離，躲藏起來避風頭，可往東南方尋找。

◆【問胎、應期、應位】：女胎。小暑中間日到小暑末。東南方。

# 第五八卦

兌為澤

【卦辭】:「兌,亨,利,貞。」

小吉
得70分

【象】:流水沼澤,美景當前,取悅於人,快樂戲水,開心愉悅。

【數】:穀雨中間日的前及後。西方。陰卦。

【理】:能夠投其所好、取悅於人,又堅守正道,就會順利通達得利。

### 蔡上機易經卦象塔羅圖解

第五八卦【兌為澤】,『兌卦』(象澤)在上,『兌卦』(象澤)在下,相疊「成卦」。寬廣開闊的流水沼澤,如同沼澤中有沼澤,美景當前,取悅於人,快樂的戲水,真是開心愉悅。兩個澤疊在一起,稱為『澤』卦,又稱為『兌』卦。

易經塔羅牌,流水沼澤的美景當前,就像在取悅於人,吸引幾位少女,忍不住到水澤裡,戲水遊玩,真是開心愉悅。主人物呼應美景當前,美人開心戲水,即興的吹奏一曲,更是取悅於開心戲水的少女。

### 蔡上機版的周易智慧哲學講述

投其所好,取悅於人,也是一種謀略行為和處世的方法,懂得善用其道,就會順利通達,甚至得到利益。俗話說,強權不打笑臉,笑臉迎人,好言如蜜,處處皆生機。嘴巴甜的人,行事往往是十分順利。但行為目的,需要堅守正道,才會真正的通達順利。否則,如是巧言令色、花言巧語、舌燦蓮花,縱使得到好處,也是一時而已,不會長久。

註:《兌》卦名,八卦之「澤」,兌換、喜悅、高興、說話。《亨》順利通暢。《利》利益、獲利。《貞》堅守正道,始終如一。

| | | | |
|---|---|---|---|
| 兌卦 上卦 | 上爻（陰） | ▆▆　▆▆ | 上六（上爻） |
| | 中爻（陽） | ▆▆▆▆▆ | 九五（五爻） |
| | 下爻（陽） | ▆▆▆▆▆ | 九四（四爻） |
| 兌卦 下卦 | 上爻（陰） | ▆▆　▆▆ | 六三（三爻） |
| | 中爻（陽） | ▆▆▆▆▆ | 九二（二爻） |
| | 下爻（陽） | ▆▆▆▆▆ | 初九（初爻） |

## 周易『六十四卦』吉凶禍福～斷解

# 周文王諭令

◆【運氣、願望、機會、交涉】：好運到來，好機會將至，願望可成，有喜事來臨，喜上眉梢，開心愉悅，事事吉祥順心。

◆【財運、買賣投資】：財運佳好順遂，買賣開心發財。

◆【商情、資金商借】：市道正好，順從人意，開心得意，資金順利到位。

◆【事業、開業、求職、考試】：職場左右逢源，如魚得水，吉利如意。開業可成，求職順心如意，成績很好。

◆【轉行、遷移、旅行】：轉行遷移吉利順心，旅行開心而回。

◆【戀愛、婚姻】：戀愛求婚，順利如意，可以成功，開心愉悅，感情關係，相親相愛，恩愛幸福。

◆【健康、問壽】：健康大大轉好，重症危急者，出現契機，脫離危險。

◆【糾紛、訴訟】：糾紛得解，吉祥順利，訴訟圓滿解決。

◆【失物、尋人】：失物可以找到，人物不久將可知道下落，可往西方尋找。

◆【問胎、應期、應位】：女胎。穀雨中間日的前及後。西方。

# 第五九卦

## 風水渙

【卦辭】：「渙，亨。王假有廟，利涉大川，利貞。」

◆小吉◆

得61分

【象】：風吹水分，分而治之，平息紛爭，安定混亂。

【數】：處暑中間日到處暑末。南方。陽卦。

【理】：分而治之，整合管理，才會順利。領導者憑藉所掌權的團體所需為名義，對下分權而治，整合管理，可鞏固地位，也有利挑戰艱難險阻，但要堅守正道，才會有利。

## 蔡上機易經卦象塔羅圖解

第五九卦【風水渙】，『巽卦』（象風）在上，『坎卦』（象水）在下，相疊「成卦」。風吹水面，將水吹分成兩面，讓兩面分而治之，便利管理，也讓兩派對立人馬平息紛爭，安定混亂，稱為『渙』卦。

易經塔羅牌，兩幫人馬，在河的兩岸互相叫囂，渡河相互廝殺。主人物丐幫幫主「洪七公」見狀，為平息兩幫人馬的紛爭，不讓他們渡江廝殺，使出降龍十八掌，掌風威力劃開江水，朝兩江岸湧出，隔開兩幫人的廝殺，分而治之，安定混亂。

## 蔡上機版的周易智慧哲學講述

一個團體中，為了管理不合的兩幫人馬，必須將他們，分而治之。才能有利於平息紛亂，甚至可以操縱恐怖平衡的槓桿，化對立為競爭的力量。甚至讓兩幫人馬，有良性的制衡，無暇爭大位，危及主上。這樣的分而治之，才會通達順利。

領導者憑藉所掌權的團體、勢力之名，或一個名稱名義（神主牌），讓下面的成員部眾願意歸附。再將其依類蛋蛋分裝化整為零，分權而治理。除方便於管理外，還可依類發揮功能，及分散化解對立的風險，只要是正道的行為，並可操作其有利的恐怖槓桿平衡，這樣的治理部眾團隊，才能有利於挑戰艱難險阻。

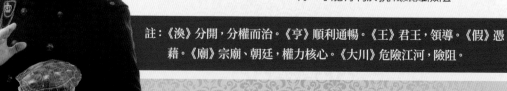

註：《渙》分開，分權而治。《亨》順利通暢。《王》君王，領導。《假》憑藉。《廟》宗廟、朝廷，權力核心。《大川》危險江河，險阻。

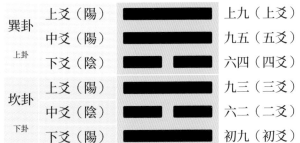

| 巽卦 上卦 | 上爻（陽） | ▬▬▬▬▬ | 上九（上爻） |
|---|---|---|---|
| | 中爻（陽） | ▬▬▬▬▬ | 九五（五爻） |
| | 下爻（陰） | ▬▬ ▬▬ | 六四（四爻） |
| 坎卦 下卦 | 上爻（陽） | ▬▬▬▬▬ | 九三（三爻） |
| | 中爻（陰） | ▬▬ ▬▬ | 六二（二爻） |
| | 下爻（陽） | ▬▬▬▬▬ | 初九（初爻） |

## 周易『六十四卦』吉凶禍福～斷解

# 周文王諭令

◆ 【運氣、願望、機會、交涉】：付出代價，歷盡辛苦，才會苦盡甘來，才會有所成功，換來亨通。。

◆ 【財運、買賣投資】：財運在困難中茁壯發展，買賣經歷艱辛，慢慢會開通。

◆ 【商情、資金商借】：市道艱辛困難，只要肯付出，局面會打開，資金要遊說很久，費盡唇舌辛勞，才會到位。

◆ 【事業、開業、求職、考試】：職場多競爭，厲害交雜，努力奮戰，會吉利如意。開業不容易，歷盡艱辛而成功，求職一波三折，付出代價才順遂，成績是苦讀出來的。

◆ 【轉行、遷移、旅行】：轉行付出代價，可以順利吉利，遷移先有阻礙，旅行途中小心發生困難，迎刃而解。

◆ 【戀愛、婚姻】：戀愛求婚很艱辛，先有阻障，經過幾番努力，後來才成功，感情關係經歷磨合的艱難，慢慢修成正果。

◆ 【健康、問壽】：需和健康搏鬥奮戰，才慢慢轉好，重症危急者，要撐過漫漫的危險期，才會渡過生死關卡。

◆ 【糾紛、訴訟】：糾紛很困擾，但終究能解圍，訴訟艱苦，風雨中見晴天。

◆ 【失物、尋人】：失物遺失找回來不容易，尋回代價很高，人物已經遠走高飛，很難知道下落，需要辛苦的找一段時間，才有機會找到，可往南方尋找。

◆ 【問胎、應期、應位】：男胎。處暑中間日到處暑末。南方。

# 第六十卦

## 水澤節

【卦辭】：「節，亨。苦節，不可貞。」

小凶

得40分

【象】：澤水太少，資源有限，取用節制，施行撙節。

【數】：春分末到清明初。北方。陰卦。

【理】：要懂得節制自律，就會通達順利。如因此而感到痛苦者，是不會去堅守正道的。

### 蔡上機易經卦象塔羅圖解

第六十卦【水澤節】，『坎卦』（象水）在上，『兌卦』（象澤）在下，相疊「成卦」。澤像一些水，一樣的少，資源已經拮据有限，取用必須節制，施行撙節，稱為『節』卦。

易經塔羅牌，沼澤裡的水，已經少之又少，快要乾枯，連魚兒都擱淺，無法生存，群眾們還來此地準備要取水，被主人物制止，要求大家行為要節制，不能再取水或浪費，應該撙節以對。

### 蔡上機版的周易智慧哲學講述

節制及自律的行為舉止，是一種觀念和態度，有此思維的人，才能夠通達順利。但節制及自律，若不是一種觀念和態度，或對此的意志是薄弱，就會因面臨艱苦需實行撙節而感到痛苦，這樣的人，一旦面臨艱苦生活，就不會去堅守正道了。意會，沒有節制及自律觀念和態度的人，會因為艱苦的日子，受不了誘惑，行為偏差，操守不良，甚至誤入歧途。

註：《節》節約、節制。《亨》順利通暢。《苦》苦惱、痛苦。《貞》堅守正道，始終如一。

| | | | |
|---|---|---|---|
| 坎卦 | 上爻（陰） | ▬▬ ▬▬ | 上六（上爻） |
| | 中爻（陽） | ▬▬▬▬ | 九五（五爻） |
| 上卦 | 下爻（陰） | ▬▬ ▬▬ | 六四（四爻） |
| 兌卦 | 上爻（陰） | ▬▬ ▬▬ | 六三（三爻） |
| | 中爻（陽） | ▬▬▬▬ | 九二（二爻） |
| 下卦 | 下爻（陽） | ▬▬▬▬ | 初九（初爻） |

## 周易『六十四卦』吉凶禍福～斷解

# 周文王諭令

◆【運氣、願望、機會、交涉】：好運受到節制，機會苦短，願望難成，交涉困難，需要耐心去等待。行事如沒分寸節制，或魯莽衝動，都將遭至挫敗。

◆【財運、買賣投資】：金錢面臨難題，出現拮据，要適當的節制金錢支出，才不會面臨困境，買賣難以得利。

◆【商情、資金商借】：市道沒有利處，處於艱辛困難中，暫時先保守，資金面臨短缺。

◆【事業、開業、求職、考試】：職場限制很多，沒有發展空間，開業不宜，再等待時機，求職暫時不會成功，耐心等待，成績不理想。

◆【轉行、遷移、旅行】：轉行遷移暫時先暫緩，再等待時機。出行不利，能緩則緩，以免不順利。

◆【戀愛、婚姻】：戀愛求婚，是有困難的，性急勉強則不成，耐心等待以求機會。感情關係，面臨低潮期，多多互動，增加熱度。

◆【健康、問壽】：健康每況愈下，重症危急者，陷入奄奄一息的狀況，如沒轉機，恐會慢慢結束生命。

◆【糾紛、訴訟】：糾紛陷入困難中，難分難解，訴訟走進不利的地步。

◆【失物、尋人】：失物不容易找回，人物落難躲藏起來，可往北方去尋找。

◆【問胎、應期、應位】：女胎。春分末到清明初。北方。

# 第六一卦

## 風澤中孚

【卦辭】：「中孚，豚魚吉，利涉大川，利貞。」

◀上吉▶

得85分

第六一卦風澤中孚　誠懇篤實

【象】：風暖吹澤水，同心圓同理心，溫潤誠信篤實，圓融和諧。

【數】：清明初到清明中間日。東北方。陰卦。

【理】：有魚肉富裕生活的日子，懂得由衷的感恩，又堅守正道。這樣的人，才有利於去挑戰艱難的人生、開拓事業。

## 蔡上機易經卦象塔羅圖解

第六一卦【風澤中孚】，『巽卦』（象風）在上，『兌卦』（象澤）在下，相疊「成卦」。微風徐徐，如同一股暖流，真實的力量，吹入澤水之心，化成同心圓同理心，圓融和諧，這溫潤真誠篤實，稱為『中孚』卦。

易經塔羅牌，溫潤的徐風，就像那真誠篤實的行為，吹入澤水的心中，化成同心圓、同理心，可以帶來圓融和諧。主人物彎腰用雙手扶起鞠躬作揖的對方，兩都是真誠之人，相互真誠以待。一旁的場景，有著「竹、蘭、梅、菊」四君子，呼應真誠篤實之人的幽雅、志節、自在和堅持。

## 蔡上機版的周易智慧哲學講述

懂得感恩的人，做人就會有真誠篤實的心。在有魚有肉的富裕生活日子，更要由衷的懂得感恩，才知飲水思源，才知回饋，這是胸襟和大器，也是一個人的格局。這樣的人，始終如一，堅守這個信念，才會吉祥。才有氣節，有利於去面對及挑戰艱難的人生，開拓一番人生事業。

註：《中》裡面、心中。《孚》誠信、信用，「中孚」由衷的誠心感恩。《豚》小豬，「豚魚」有豬有魚、有魚有肉。《涉》渡過。《大川》危險的江河。《貞》堅守正道，始終如一。

| 巽卦 | 上爻（陽） | ▬▬▬▬ | 上九（上爻） |
|---|---|---|---|
| 上卦 | 中爻（陽） | ▬▬▬▬ | 九五（五爻） |
| | 下爻（陰） | ▬▬ ▬▬ | 六四（四爻） |
| 兌卦 | 上爻（陰） | ▬▬ ▬▬ | 六三（三爻） |
| 下卦 | 中爻（陽） | ▬▬▬▬ | 九二（二爻） |
| | 下爻（陽） | ▬▬▬▬ | 初九（初爻） |

## 周易『六十四卦』吉凶禍福～斷解

# 周文王諭令

◆【運氣、願望、機會、交涉】：表現真誠篤實的態度，將得人信任，啟動好運勢，帶來機會，有心用心同理心者，機會願望交涉都可成。

◆【財運、買賣投資】：用誠心踏實去做事，財運自然順利佳吉，買賣得貴人。

◆【商情、資金商借】：市道吉祥，真誠者有貴人，資金相助。

◆【事業、開業、求職、考試】：用心待人，職場吉利如意。熱情以對，開業順利，貴人自來。虔誠用功，成績佳好。

◆【轉行、遷移、旅行】：轉行遷移可行，出外吉利如意。

◆【戀愛、婚姻】：戀愛求婚，用誠意，則會成功。感情關係，相互包容體諒關懷，幸福恩愛。

◆【健康、問壽】：健康會轉好，重症危急者，可以脫離險境。

◆【糾紛、訴訟】：用誠意糾紛得解決，訴訟可以和平圓滿。

◆【失物、尋人】：失物遺失被尋獲，有人會送回來。人物會自動回來，不須擔心。可往東北方尋找。

◆【問胎、應期、應位】：女胎。清明初到清明中間日。東北方。

# 第六二卦

## 雷山小過

**【卦辭】**：「小過，亨，利貞。可小事，不可大事。飛鳥遺之音，不宜上宜下，大吉。」

**◆小凶◆**

**得35分**

第六二卦雷山小過 超過常規

**【象】**：雷下山後，翻越而來，突然乍現，超越常規，陽奉陰違。

**【數】**：寒露初到寒露中間日。西方。陽卦。

**【理】**：有必要超越常規去做事，也要守分寸，且堅守正道，才能夠通達順利。但只能用在小事，不宜行大事，才會大吉大利。

### 蔡上機易經卦象塔羅圖解

第六二卦【雷山小過】，『震卦』（象雷）在上，『艮卦』（象山）在下，相疊「成卦」。雷打下山後，卻突然乍現，爬過山，翻越而來，這是一種超越常規不正常的現像，猶如陽奉陰違，稱為『小過』卦。

易經塔羅牌，雷打在山後，卻不正常，超越常規的爬過山而來。把主人物嚇的人仰馬翻，這是一種失去常規的過失現像。

### 蔡上機版的周易智慧哲學講述

在安全或可接受的限度內，發揮創造力及想像力做事，也為提高辦事效率的目的，且在堅守正道的條件下，施以不按牌理出牌，超越常規或走捷徑的手段行為，是有利能夠通達順利。

既超越常規，不按順序做事，只能用在不拘小節、無傷大雅的小事上。如果做大事，關乎重大成敗，是不可隨意超越常規的，以免後害無窮。就像飛鳥飛過後留下的叫聲，是往下傳，而不是往上傳（小事可，不可大事之意）。意指，做事雖有規則規矩，但也要知道變通，在可許的範圍，可以盡量善用變通。但也講求分際分寸，不能超越，才是大吉大利的做事原則。

註：《過》過失、過錯，「小過」小過失，不拘小節，超越常規不按既定順序做事。《亨》通暢順利。《利》利益、獲利。《貞》堅守正道，始終如一。

| | | | |
|---|---|---|---|
| 震卦 上卦 | 上爻（陰） | | 上六（上爻） |
| | 中爻（陰） | | 六五（五爻） |
| | 下爻（陽） | | 九四（四爻） |
| 艮卦 下卦 | 上爻（陽） | | 九三（三爻） |
| | 中爻（陰） | | 六二（二爻） |
| | 下爻（陰） | | 初六（初爻） |

## 周易『六十四卦』吉凶禍福～斷解

# 周文王諭令

◆【運氣、願望、機會、交涉】：莫名其妙，超乎常規，不可思議的事情，或發生過失，出現來擾亂好運勢，讓機會願望交涉多波折。

◆【財運、買賣投資】：財運不順遂，有點乖張，買賣出狀況，非常傻眼。

◆【商情、資金商借】：市道詭異，違背常理的事件發生，小心謹慎應對，資金不易到位。

◆【事業、開業、求職、考試】：職場天馬行空，胡作非為的事情多，處境不順利。開業出狀況，求職不會成功，考試成績低落。

◆【轉行、遷移、旅行】：轉行遷移不利，暫時不要，出行會有災難。

◆【戀愛、婚姻】：戀愛求婚，會出現許多背離常規，奇怪的事件或過失，導致沒能成功。感情關係，出現許多奇奇怪怪的嫌隙或過失，總是很不順。

◆【健康、問壽】：健康糾纏的很麻煩，有些煩心，重症危急者，小心發生過失，造成命危。

◆【糾紛、訴訟】：糾紛混亂，難分難解，說不清楚，訴訟出現離奇的過失，造成失敗。

◆【失物、尋人】：失物被偷走或者已經遺失，人物躲藏或已經遠走高飛，不易找回，可往西方尋找。

◆【問胎、應期、應位】：男胎。寒露初到寒露中間日。西方。

# 第六三卦

## 水火既濟

【卦辭】：「既濟，亨，小利貞，初吉終亂。」

中吉

得71分

【象】：水受火煮，熱點沸騰，事已齊全，水到渠成，功成之時。

【數】：立春末到雨水初。北方。陰卦。

【理】：取得成功後，雖通達順利。但一開始擁小利之時，會保持操守，是吉祥平安的。一但大權在握時，就會因驕狂出亂子。

## 蔡上機易經卦象塔羅圖解

第六三卦【水火既濟】，『坎卦』（象水）在上，『離卦』（象火）在下，相疊「成卦」。水受火煮，煮到熱點沸騰，表示事已齊全，猶如水到渠成，功成之時，稱為『既濟』卦。

易經塔羅牌，兵士們用火煮著水酒，當水酒煮開之時，正是迎接主帥，勝利凱旋，成功歸來之時。意表水到渠成，功成之時。

## 蔡上機版的周易智慧哲學講述

當取得成功之後，可以通達爾後的順利。但人總是在擁有小小的成功利益之時，還會保持一點操守，也讓一開始，是吉祥平安的。一但大權在握時，人性自然容易驕狂起來，無論是得意忘形，或者放縱自己，終究必會出亂子。意會，世事無絕對，成功之時，不可得意忘形，居安思危、韜光養晦、謙遜知隱，才能永保安康。

註：《既濟》「既」即完了、終了，「濟」原意為過河，引申為「完成、成功」。《小》少。《亂》無秩序、不太平、擾亂。

| | | | |
|---|---|---|---|
| 坎卦 上卦 | 上爻（陰） | ▅▅ ▅▅ | 上六（上爻） |
| | 中爻（陽） | ▅▅▅▅▅ | 九五（五爻） |
| | 下爻（陰） | ▅▅ ▅▅ | 六四（四爻） |
| 離卦 下卦 | 上爻（陽） | ▅▅▅▅▅ | 九三（三爻） |
| | 中爻（陰） | ▅▅ ▅▅ | 六二（二爻） |
| | 下爻（陽） | ▅▅▅▅▅ | 初九（初爻） |

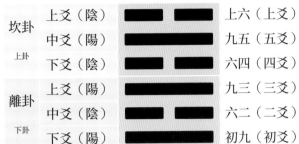

## 周易『六十四卦』吉凶禍福～斷解

## 周文王諭令

◆【運氣、願望、機會、交涉】：運氣大開，時機到了，順利亨通，水到渠成，名利雙收，一切恰到好處的順利。

◆【財運、買賣投資】：財運時機正好，進入發達，買賣成功得利。

◆【商情、資金商借】：市道順利如意，資金及時到位，順利可成。

◆【事業、開業、求職、考試】：職場功成名就，順利如意，開業正是好處，求職可成，成績順遂。

◆【轉行、遷移、旅行】：轉行遷移，順利如意，旅途開心。

◆【戀愛、婚姻】：戀愛求婚，水到渠成，順利成功。感情關係，越走越好，順利吉祥。

◆【健康、問壽】：健康轉好，大有康復，重症危急者，脫離險境。

◆【糾紛、訴訟】：糾紛平得以順利解決，訴訟成功如意。

◆【失物、尋人】：失物可以找到，人物會自然回家，可往北方尋找。

◆【問胎、應期、應位】：女胎。立春末到雨水初。北方。

# 第六四卦

## 火水未濟

【卦辭】：「未濟，亨，小狐汔濟，
濡其尾，無攸利。」

小凶

得40分

第六四卦 火水未濟 ䷿ 事無止境

【象】：火在水上，濕火不燃，上下不通，陰陽失
調，事半未成。

【數】：立秋末到處暑初。南方。陽卦。

【理】：明白世事無常的哲理，有了智慧，才會通
達。像小狐狸想渡河，沾濕了尾巴，還是
過不了河，應懂可為及不可為的哲理。

## 蔡上機易經卦象塔羅圖解

第六四卦【火水未濟】，『離卦』（象
火）在上，『坎卦』（象水）在下，相疊
「成卦」。火在濕水之上，濕火是燃燒不
起來的。這種現像，上下不通，陰陽失
調。就像事情只做一半，還未完成就結束
放棄，稱為『未濟』卦。

易經塔羅牌，幾塊的木柴，在濕地水
上，木柴已經被浸濕，雖然還有一部份，
在上頭燃燒，但濕火不但很難燃燒燎原，
甚至還會沒燒完就熄滅了。就像主人物，
寫書法，寫一半，就打瞌睡睡了，事情還
沒做完（沒完成、沒成功）就結束了。

## 蔡上機版的周易智慧哲學講述

能夠明白世事無常的人生哲理，才會謙
虛學習，並珍惜機會，就會通達順利。像
一隻小狐狸想過河，沾濕了尾巴，還是過
不了河。應該要體會領悟，事的可為與不
可為的哲理。才能夠調整步伐方式，從經
驗中不斷學習長進。最後才知道，沾濕了
尾巴，就要學會把尾巴舉起來游，才能方
便渡河。

意會，如果不能在功敗垂成的經驗中，
去學習領悟到成長和智慧，那永遠都是不
會成功。

註：《未濟》還沒達到成功、功敗垂成，無常，無止境。《亨》通暢順利。《汔》
幾乎。《濡》為浸、潮濕。《攸》所。

| | 上爻（陽） | ▅▅▅▅▅ | 上九（上爻） |
|離卦| 中爻（陰） | ▅▅ ▅▅ | 六五（五爻） |
|上卦| 下爻（陽） | ▅▅▅▅▅ | 九四（四爻） |
| | 上爻（陰） | ▅▅ ▅▅ | 六三（三爻） |
|坎卦| 中爻（陽） | ▅▅▅▅▅ | 九二（二爻） |
|下卦| 下爻（陰） | ▅▅ ▅▅ | 初六（初爻） |

## 周易『六十四卦』吉凶禍福～斷解

# 周文王諭令

◆【運氣、願望、機會、交涉】：機會未到，好運與事情總是來一半、做一半，事有阻礙不通，沒法順心，交涉不利，不容易達成結果。

◆【財運、買賣投資】：財運短失，買賣狀況不佳。

◆【商情、資金商借】：市道好運關閉，資金反應冷淡，無法齊全，差距太大。

◆【事業、開業、求職、考試】：職場不順利，缺乏動能，很難成事。開業不會成功，中途有困難，求職失敗，考試成績不良。

◆【轉行、遷移、旅行】：轉行遷移不利，出行一半遇到麻煩事。

◆【戀愛、婚姻】：戀愛求婚，沒有熱度，缺乏打動的力量，導致失敗。感情關係，出現頓化，處在維繫的危險邊緣。

◆【健康、問壽】：健康出現問題，重症危急者，沒有持續搶救，恐威脅到生命。

◆【糾紛、訴訟】：糾紛無解，一直擱置，一直處在頭痛階段，訴訟不利。

◆【失物、尋人】：失物遺忘在某處，用心耐心尋找，有機會可以找到，人物尋找相當費時，不容易，可往南方去尋找。

◆【問胎、應期、應位】：男胎。立秋末到處暑初。南方。

國家圖書館出版品預行編目（CIP）資料

30 分鐘學會蔡上機易經塔羅占卜 / 蔡上機作 . --
初版 . -- 臺北市：蔡上機國際顧問 , 2018.02
面； 公分 . --（先知系列；1）
ISBN 978-986-95745-1-8（平裝）

1. 易占

292.1           106025316

 三十分鐘 學 會
蔡上機 易經塔羅占卜

作　　　者： 蔡上機

發 行 人： 蔡上機

策畫、編輯、塔羅牌＆插畫腳本設計、監製：蔡上機

封面設計＆內文美編排版：山今伴頁設計工作室　許秋山　mountain591120@gmail.com

塔羅牌插畫師＆紙盒包裝設計：溫聖弘　+886-936-921258

出 版 者： 蔡上機國際顧問有限公司

統 一 編 號：27541423

地　　　址： 台灣台北市大安區忠孝東路四段 153 號 10 樓

電　　　話： +886-（0）2-27710699

傳　　　真： +886-（0）2-27718589

網　　　址： www.shang.com.tw

　　E-mail： wisdom.shang@msa.hinet.net

　微信 -ID： wisdomtsai

　LINE-ID：0910129200

總 經 銷： 聯合發行股份有限公司

電　　　話： +886-（0）2-29178022

地　　　址： 新北市新店區寶橋路 235 巷 6 弄 6 號 2 樓

製 版 印 刷：上海印刷廠股份有限公司

電　　　話： +886-（0）2-22697921

地　　　址： 新北市土城區大暖路 71 號

初 版 日 期： 2018/02/05 初刷

　　ISBN： 978-986-95745-1-8（平裝）

　　　　　 NT$880（書＋塔羅牌一副 64 張，大盒包裝）